Gerhard Schröder
Der Herausforderer

Gerhard Schröder

Der Herausforderer

im Gespräch mit
Peter Gatter

verlegt bei Kindler

Umschlaggestaltung: Graupner + Partner, München
mit einem Foto von Klaus Hoffmann/NOVUM
Satzarbeiten: IBV Satz- und Datentechnik, Berlin
Druck und Bindearbeiten: Spiegel Buch GmbH, Ulm
Printed in Germany
5 4 3 2 1
ISBN 3-463-40036-7

Inhalt

Ein Mann will nach oben

An mangelndem Selbstbewußtsein leidet der Mann nicht, und wenn er Minderwertigkeitskomplexe haben sollte, dann gibt er sich redlich Mühe, niemanden etwas davon merken zu lassen. Gerhard Schröder, Jahrgang 1944, ist angetreten, um etwas zu werden. Doch weil sich Bescheidenheit und Ehrlichkeit in der Politik wohl gegenseitig ausschließen, macht er keinen Hehl daraus, daß er an sich glaubt, daß er nach oben will und nach oben gehört.
Bedächtiges Abwägen ist seine Sache nicht, er ist Schnelldenker und Schnellredner; einer, der kämpfen kann und kämpfen will und den es nicht stört, wenn dabei die Fetzen fliegen. Seinen spröden westfälischen Charme setzt er für seine politischen Ziele geradezu bedenkenlos ein. Gesprächspartner werden fixiert, Argumente genüßlich zerpflückt.
Er muß ein guter Skatspieler sein; was man dazu braucht, hat er: ein ausgezeichnetes Gedächtnis, die Fähigkeit zum Bluffen, ein Gefühl dafür, welches Blatt die anderen in der Hand haben und welches Spiel man aus dem eigenen Blatt machen könnte. Schröder ist kein Wirtschaftsexperte, kein Umweltfachmann, kein Spezialist für Sicherheits- oder Sozialpolitik. Schröder ist ein Spezialist für das Durchsetzen von Interessen – auch im Zivilberuf, als Mitglied einer Han-

noveraner Rechtsanwaltssozietät. Mit seiner proletarischen Herkunft kokettiert er nur ein bißchen.
Schröders wichtigste Kindheitserinnerung:

Bis 1950 haben wir auf einem kleinen Dorf im Lippischen gewohnt, in einer Baracke. Die stand auf einem Fußballplatz direkt an der Eckfahne. Wenn die Spieler sonntags antraten, konnten von dieser Seite aus immer nur verkürzte Ecken geschossen werden und bei uns wackelten die Wände, wenn großes Bolzen angesagt war.

Es war ein typisches Nachkriegsleben: der Vater im Krieg geblieben, die Mutter mit sechs Kindern allein, enge Verhältnisse, Armut, manchmal Not. Zu mehr als Volksschule reichte das Geld nicht. Zwergschulen waren das, erst mit zwei, dann mit vier Klassen, alle Kinder wurden gemeinsam unterrichtet. Nach der Schule eine Lehre als Einzelhandelskaufmann. Porzellan, Spielwaren und Kinderwagen hat er da verkauft und schlecht verdient. Dann hat er es mal als Hilfsarbeiter auf dem Bau versucht und später als Verkäufer in einem Baugeschäft. Hinter der Theke mit all den Kartons voller Beschläge, zwischen Kundschaft, Lager und Prinzipal reifte der klassische Entschluß eines jungen Mannes: »Ich will hier raus!« Der Weg raus aus dieser Lage sollte nach oben führen und als Mittel kam nur eines in Frage: Bildung. Also besuchte Schröder in Göttingen die Abendschule und machte die mittlere Reife nach. Er ging zu Kollegs in Siegen und Bielefeld, schaffte 1966 das Abitur und studierte anschließend in Göttingen Jura, gerade rechtzeitig, um den Anschluß an die 68er Studentenbewegung nicht zu verpassen. Die Karriere war die übliche: Hilfsassistent, politische Arbeit an der Uni, Demos, Sit-ins, endlose Diskussionen im Audimax.
Hofgartendemonstration in Bonn gegen die Notstandsge-

setze. »Bürger, laß das Glotzen sein, komm herunter, reih dich ein« und »Ho, Ho, Ho Chi Minh«, skandierten die Studenten auf den Straßen. »Unter den Talaren Muff von 1000 Jahren«, riefen sie, und die Prüfungen wurden öffentlich, und Benno Ohnesorg wurde erschossen, weil der Schah nach Berlin kam, und die Polizeipräsidenten übernahmen das in Berlin erfundene Leberwurstprinzip (»an den Enden dicht machen und dann in der Mitte hineinstechen«), und jede Universitätsstadt bekam mindestens einen Wasserwerfer, und es begann der lange Marsch durch die Institutionen. Danach wurde der eine revolutionäre Student Wirtschaftsberater und der andere Reisebürounternehmer, und manche gingen in den Untergrund, und andere gingen in die Politik. Gerhard Schröder blieb bei der Politik.

Ich bin schon 1963 in die SPD eingetreten. Nicht etwa, daß das von vornherein immer schon klar gewesen wäre: da gehst du hin, mit einer gewissen Zwangsläufigkeit, etwa weil meine Mutter eine geborene Sozialdemokratin war. So war das bei mir nicht. Meine Politisierung ist Ergebnis von vielem Herumsuchen. Ich bin zu Wahlveranstaltungen gegangen und habe, egal bei welcher Partei, immer Opposition gemacht. Ich bin bei linken und rechten Parteien gewesen, war selbst auf Bubi von Thaddens Parteitag der Deutschen Reichspartei. Aber da habe ich nun wirklich sofort gemerkt, daß ich in solchem Milieu meines politischen Lebens nicht froh werden könnte. Dieser Parteitag war eine schaurige Veranstaltung, aber ich war erst neunzehn, und mein Abteilungsleiter von unserem Baugeschäft hatte mich mitgenommen. Erst war ich neugierig, und dann war ich fürchterlich gelangweilt.

In einem Prozeß des Widerspruchs und des Zuhörens habe

er, so sagt Schröder, seinen politischen Standpunkt gesucht und gefunden und daran habe sich bis heute nichts geändert.

Ich bin in die SPD nicht etwa deshalb eingetreten, weil ich ein sozialistischer Theoretiker gewesen wäre, sondern weil ich, und das wird den einen oder anderen überraschen, Helmut Schmidt gut fand, der damals noch ›Schmidt Schnauze‹ war. Das hat mir gefallen. Die kritische Auseinandersetzung mit seiner Politik begann erst viel später.

Die öffentlichen Angelegenheiten haben Schröder schon immer interessiert. Er hat herumgesucht und herumgeguckt unter den politischen Sonderangeboten der frühen Sechziger, und er hat versucht, herauszufinden, wo er denn wohl am besten aufgehoben wäre. Sein Motiv:

Ich muß den Wunsch gehabt haben, nicht nur Objekt von Entscheidungen zu sein, sondern mitmachen zu wollen. Mir war ziemlich früh klar: Da wird etwas entschieden, was dich betrifft, was deine soziale Rolle angeht, deine Familie berührt. Die Verhältnisse, in denen ich lebte, waren ja wirklich mies, und hier ergab sich die Chance, etwas zu tun. Wo, wie und was, das wußte ich natürlich noch nicht und deshalb diese Phase der Sucherei.

Zur sozialdemokratischen Partei kam er, weil er glaubte, dort am ehesten etwas für seine persönliche Situation tun zu können, die er als unterprivilegiert empfand. Es ärgerte ihn, daß er nur ein kleiner Angestellter war, dem andere ohne Gegenfrage, nun ja, Befehle erteilen konnten. Seine Lage, so meinte er, würde sich am ehesten verbessern, wenn sich die Lage der Arbeitnehmer im allgemeinen verbessern ließe. Nicht ums

Aufsteigen ging es ihm, so sagt er heute, sondern um soziales Engagement in Arbeitnehmerfragen. Hätte er also, wenn sich die Gelegenheit gezeigt hätte, auch bei einer anderen Partei landen können?

Bei einer anderen demokratischen Partei vielleicht. Zum Beispiel fand ich ein Vierteljahr lang mal die Idee von der Dritten Kraft, dem Zünglein an der Waage, also die Idee der F.D.P. ganz überzeugend. Hier waren die beiden großen Parteien und dort die dritte, kleine, der Korrekturfaktor. Aber das dauerte nicht lange. Je intensiver ich las, diskutierte und mich mit Politik auseinandersetzte, desto klarer wurde mir: Unter den denkbaren demokratischen Alternativen war die SPD die richtige. Und da bin ich dann auch hingegangen.

Gibt es ein politisches Buch, das Schröder für besonders wichtig hält?

Ich kann von keinem einzelnen Buch sagen: Dies ist die überragende politische Veröffentlichung, die mich nachhaltig beeinflußt hat. Ich habe eine Menge gelesen. Ich hab' so viel gelesen, daß ich irgendwann auf die Frage, was ich lese, gesagt habe, ich lese gar nicht mehr. Aber den Witz haben die Leute leider nicht verstanden.
Es gibt keinen Schlüssel für meine Lektüre. Ich habe versucht, an alles heranzukommen, was ich kriegen konnte – einfach, weil ich unheimlich neugierig bin.

Daß dieser Hunger nach Gedrucktem etwas mit seinem Nachholbedarf vom Zweiten Bildungsweg zu tun haben könnte, mag Schröder nicht abstreiten. Dazu paßt auch, daß er lieber konzentriertes Material liest als dicke Wälzer. Zeitungen und Zeitschriften, vor allem solche, die von Fachleuten geschrieben werden, sind seine wichtigste Dauerlektüre. Gibt es einen Politiker, den er besonders bewundert? Das Ja auf diese Frage kommt ohne Zögern:

Willy Brandt! Er ist der deutsche Politiker, der mich am meisten beeindruckt hat, und zwar seit seiner Ostpolitik. Dieser Kniefall in Warschau, der für mich Bekenntnis zur Geschichte, Versuch zu ihrer Überwindung und Bitte um Versöhnung zugleich war, gehört zu den großen Taten der deutschen Nachkriegsgeschichte. Brandt ist ein Mensch in all seiner Widersprüchlichkeit, aber zugleich hat er die kaum bei irgendeinem anderen anzutreffende Fähigkeit, auf neue Entwicklungen sensibel zu reagieren.

Sensibel auf neue Entwicklungen zu reagieren – das ist eine Fähigkeit, die Gerhard Schröder nicht nur an anderen bewundert. Er hält sie auch bei sich selbst für eine herausragende Eigenschaft. Dies, so meint er, ist es vor allem anderen, was einen Politiker ausmacht. Und so stört es ihn auch nicht, wenn man ihm vorhält, sein politischer Standpunkt habe im Lauf seiner Karriere mehrfach gewechselt.
1963 als Schmidt-Anhänger zur Partei gestoßen, 1971 Juso-Chef in Hannover, 1978 Juso-Vorsitzender mit dem Auftrag, die in der »Stamokap«-Diskussion heillos zerstrittene Jugendorganisation der SPD zu resozialisieren – eine solche Laufbahn verlangt wirklich die Fähigkeit, auf neue Entwicklungen zu reagieren. Sie verlangt aber auch ein Gespür für Mehrheiten und ein Gefühl für das jeweils politisch Durchsetzbare.

Natürlich gibt es eine politische Entwicklung bei mir und natürlich habe ich als Neuling anders gedacht als 1971, und gegen Ende der siebziger Jahre anders als an ihrem Beginn. Aber es gibt ein paar Linien, die ich beibehalten habe.

Zum Beispiel: das Eintreten für Minderheiten, für Schwache in der Gesellschaft. Denn wie gut oder böse eine Gesellschaft ist, erkennt man doch daran, wie sie mit ihren Minderheiten umgeht.
Zum Beispiel: die Bereitschaft, sich mit starken Interessengruppen anzulegen, nicht feige zu sein vor Fürstenthronen. Ohne Rücksicht auf Interessen im eigenen Lager nein sagen zu können und den daraus entstehenden Ärger in Kauf zu nehmen, das war schon immer eine meiner Stärken. Engagement für Leute, denen es dreckig geht – beruflich oder politisch – auch das ist ein Stück Kontinuität.

So hat er sich denn Ärger eingehandelt mit der eigenen Partei – keinen offenen, aber »ein deutliches Hintergrundgegrummel«. Er verteidigte Lehrer, die von Berufsverboten betroffen waren, und er hat sich auch nicht gescheut, Streit zu suchen mit den Funktionären von der IG Bergbau, als es um die Inbetriebnahme des Kraftwerks Buschhaus ging. Er ist gegen die nukleare Wiederaufbereitungsanlage in Dragan zu Felde gezogen, obwohl er sich beim Gewerkschaftsflügel der niedersächsischen SPD damit keineswegs nur Freunde gemacht hat. Einen Bruch der politischen Kontinuität sieht er in einem anderen Bereich, mehr im Grundsätzlichen.

Ohne jeden Abstrich bin ich früher davon ausgegangen, daß eine sozial gerechte Gesellschaft voraussetzt, Privateigentum an den Produktionsmitteln abzuschaffen. Mindestens habe ich geglaubt, daß dadurch die Herstellung von sozialer Gerechtigkeit wesentlich erleichtert wird. Ich war früher auch der Meinung, daß ökologische Probleme auf diese Weise sehr viel leichter gelöst werden könnten. Das glaube ich heute nicht mehr.
Gerade das Beispiel Umweltschutz zeigt: Der Markt ist das

sinnvollste Steuerungsmittel der Volkswirtschaft, wenn die Politik entschieden Rahmenbedingungen setzt. Dezentrale Entscheidungen führen offenbar zu besseren Ergebnissen als der Versuch, alles zentral zu planen und zu verwalten.

Einen Zusammenhang zwischen dieser Erkenntnis und der Tatsache, daß die niedersächsische SPD ihn zu ihrem Spitzenkandidaten für die Landtagswahl 1986 machte, mag Schröder nicht sehen. Daß der große Hieb die Lösung nicht bringt, diese Vorstellung hat er, so sagt er, schon seit einigen Jahren, seit er sich intensiver mit solchen Fragen befaßt, und zwar ohne in eine politische Gruppierung innerhalb der Partei eingebunden zu sein. Es sei ja kein Geheimnis, daß die zentral verwalteten Gesellschaften in Europa gerade mit den Umweltschutzproblemen eher schlechter als besser zurechtkommen. Und eine politische Gruppe, mit der man eng zusammenarbeitet, denkt und diskutiert, die könne ja auch leicht Scheuklappen bekommen – wenigstens in einzelnen Fragen. Hat das Umdenken in der Wirtschaftspolitik vielleicht etwas damit zu tun, daß Schröder inzwischen für einen Jungsozialisten zu alt ist?

Das könnte natürlich sein. Aber es gab eigentlich keinen Punkt, an dem ich dachte: Jetzt habe ich es begriffen. Dies Heureka-Erlebnis hat nicht stattgefunden. Was aber stattgefunden hat, ist die Entwicklung einer großen Skepsis gegenüber Bürokraten. Ich glaube nämlich, die können unsere Probleme nicht lösen. Sehen Sie sich die riesigen Einheiten an, die da zu lenken und zu leiten sind – ich bin da sehr mißtrauisch. Das Freisetzen von Konkurrenz in einem politisch vorgegebenen Rahmen scheint mir wesentlich mehr Sicherheit zu verbürgen, daß ordentliche Ergebnisse in der Wirtschafts- und in der Umweltpolitik herauskommen.

Daß Parteiunterbezirksgeschäftsführer Industriekonzerne zu leiten hätten – diese Vorstellung ist dem Herausforderer Schröder ein Greuel. Und bevor alle Parteiunterbezirksgeschäftsführer beleidigt sind: Er meint Bürokraten; Leute, die gewohnt sind, nach einem Bündel schwer wandelbarer Vorschriften tägliche Entscheidungen zu treffen. Solche Art von Bürokratisierung sei von Übel, ob im Staat oder in Industriebetrieben oder sonstwo. Die Alternative dazu kann aber nicht in der Kompetenzverlagerung von einer Gruppe von Bürokraten auf eine andere Bürokratengruppe liegen. Schröder hat keine Schwierigkeiten, hier wieder Konsequenz in seinem politischen Denken zu entdecken: er habe eben nie auf Verstaatlichung, sondern immer auf Vergesellschaftung gesetzt.

Es kommt einfach darauf an, welche Mechanismen zur Beteiligung möglichst vieler Menschen an Entscheidungsprozessen man findet. Man muß dafür sorgen, daß die Kollegen in den Betrieben mehr zu sagen haben. Das Betriebsverfassungsgesetz bietet die Möglichkeiten dazu.

Eine kleine Utopie

Die ideale Gesellschaft ist die, die an der Gleichheit, jedenfalls an der Gleichheit von Chancen, orientiert ist, aber Individualität durchaus zuläßt. Diese Gesellschaft soll Individualität und individuelle Leistungen belohnen, sie soll auch nicht frei sein von allen Privilegien. Aber sie soll dafür sorgen, daß der Unterschied zwischen oben und unten, zwischen Privilegierten und Nichtprivilegierten, nicht so riesig ist wie bei uns heute.
Ich möchte keine gleichgeschaltete Gesellschaft, aber eine, in der alle gleiche Möglichkeiten haben. Chancengleichheit bei unterschiedlichen Voraussetzungen kann man nicht für alle an einem Punkt als gemeinsame Startpositionen schaffen. Diese Art von Gleichheit muß die Politik immer wieder neu herstellen.

Gleichheit politisch herstellen, ist ein Schlüsselwort für Schröder. Uniformität ist ihm ebenso verhaßt wie Bürokratie, Gleichheit der Möglichkeiten dagegen eines der wichtigsten Ziele staatlichen Handelns. Dies jedoch nicht als einmalige Entscheidung, sondern als ein Prozeß, als eine ständige, nie endgültig gelöste Ausgabe. Doch dies, so sagt er, ist nur der eine von drei Aspekten seiner idealen Gesellschaft.

Die Diskussion um die »gerechtfertigte Gewalt« zur Veränderung von politischen Zuständen erfüllt mich mit tiefem Mißtrauen. Ich glaube, daß es in demokratischen Gesellschaften wie der unseren überhaupt nicht gerechtfertigt ist, wenn ein einzelner oder eine Gruppe für sich das Recht der Ausübung von Gewalt in Anspruch nimmt, seien die Ziele noch so hehr. Ich bin ein strikter Verfechter des staatlichen Gewaltmonopols.

Allerdings hat das Gewaltmonopol des Staates wie alles in Schröders politischem Weltbild seine Voraussetzungen. Der Staat, der als einziger das Recht hat, Gewalt einzusetzen, übernimmt damit auch die Pflicht zur Zurückhaltung. Er muß nachgeben können, wenn das zur Deeskalation beiträgt, muß bereit sein können, auf die Durchsetzung staatlicher Ansprüche dann zu verzichten, wenn dies zur Befriedigung der Gesellschaft beiträgt. Außerdem dürfen die staatlichen Institutionen Kritik an ihrem Vorgehen nicht nur nicht verhindern, sie müssen sie als Rechtfertigung des Gewaltmonopols verstehen. Wer versucht, Kritik an Polizei, Justiz, Geheimdienst oder Strafvollzug zu verhindern, der macht das Gewaltmonopol unglaubwürdig. Und schließlich:

Das, was geschützt wird, die Gesetze, die man macht, und die Zustände, die man damit erhalten will, dürfen nicht statisch sein. Man muß bereit sein, die gesellschaftlichen Verhältnisse, die mit Hilfe staatlicher Macht aufrechterhalten werden, zur Überprüfung freizugeben.

Man merkt, Metternich ist nicht gerade Schröders Lieblingsstaatsmann. Für seine Theorie von der Relativität staatlicher Gewaltrechtfertigung hat der Politiker Schröder auch ein praktisches Beispiel:

Eine Hausbesetzung ist nicht gerechtfertigt. Es gibt Gesetze, die das Eigentum schützen, und diese Gesetze müssen aufrechterhalten werden, damit nicht alles drunter und drüber geht. Das ist das eine. Aber wenn die Wohnungssituation und die Tätigkeit der Spekulanten so ist wie zum Beispiel in Berlin, dann ist mit dem Einsatz des Gewaltmonopols zugleich die Verpflichtung verbunden, die Verhältnisse zu verändern, die zu den Hausbesetzungen geführt haben. Man kann auf einen Pott voller gärender sozialer Probleme nicht einfach den Deckel staatlicher Macht stülpen. Das heißt: Macht, die man demokratisch und rechtens erworben hat, darf man, ja muß man einsetzen, um die Achtung vor dem Gesetz zu erzwingen. Aber: Solches Vorgehen schafft die Verpflichtung, nach den Ursachen für den Gesetzesverstoß zu fragen und diese, wenn möglich, zu beseitigen.

Gleiche Chancen für alle und ein liberaler Pragmatismus in der Innenpolitik sind für Schröder wichtige politische Kategorien.

Aber ein drittes, so meint er, muß hinzukommen: Friedlichkeit nach außen. Kein selbstmörderischer Pazifismus, aber eine Überwindung des Freund-Feind-Schemas in der Außenpolitik. Partnerschaft, ob nun in der Sicherheits- oder in der Wirtschaftspolitik, steht auf seinem Programm. Die gegenseitigen Abhängigkeiten zwischen Ost und West seien vierzig Jahre nach dem Ende des Zweiten Weltkrieges so groß geworden, daß sich eine kriegerische Auseinandersetzung für keinen mehr lohnen könne – auch wenn man die Gefahr eines Nuklearkrieges vernachlässigt oder verharmlost. Das Drehen an der Rüstungsspirale liegt weder im objektiven Interesse der Sowjetunion noch in dem des Westens. Russenangst hält er für unsinnig.

Da fürchten einige, die Russen könnten kommen und uns ihr System aufzwingen. Das ist Quatsch. In Wirklichkeit haben die nämlich viel zu viele eigene Probleme bei dem Versuch, die Ergebnisse des Zweiten Weltkrieges politisch, und leider gelegentlich auch militärisch, abzusichern. Deren Neigung, in einer im wesentlichen durch Stabilität gekennzeichneten Region wie Europa auf Abenteuer auszugehen, dürfte höchst unterentwickelt sein.

Frage: Sie wollen also eine Gesellschaft, in der der Abstand zwischen denen im Schatten und denen im Licht nicht ganz so groß ist, wie in diesem unserem Lande. Sie wollen eine Gesellschaft mit mehr Chancengleichheit und mehr Mitbestimmung und Sie wollen eine Gesellschaft, die nach innen und nach außen friedlich ist. Wodurch unterscheiden Sie sich dann von einem intelligenten konservativen Politiker?

Das weiß ich nicht, worin ich mich unterscheide. Man müßte zum Beispiel fragen: Was versteht denn dieser intelligente, konservative Politiker unter Chancengleichheit. Begriffe sind ja verräterisch. Die Konservativen, intelligent oder nicht, reden nämlich gar nicht von Gleichheit, die reden von Gerechtigkeit. Gerecht ist es, wenn man dem Sohn eines Arztes und der Tochter eines Arbeiters die Möglichkeit gibt, die gleiche Schule zu besuchen. Diese Möglichkeit besteht. Bloß: Das hat mit Chancengleichheit wenig zu tun. Die Ungleichheit am Start ist so groß, daß man zunächst mal Anstrengungen materieller Art machen muß, um diese formale Möglichkeit auch in eine praktische zu verwandeln.
Zum Beispiel Bafög. Die intelligenten, konservativen Politiker haben das Maul gehalten, als Bafög gestrichen wurde. Aber diese Ausbildungsförderung war für Hunderttausende von Kindern aus Arbeiterfamilien, zumal für Mädchen, die

einzige Möglichkeit, eine formal gegebene Chance auch materiell nutzen zu können. Es macht doch keinen Sinn, in einem Arbeiterhaushalt mit zwei Kindern, wo der Alte Alleinverdiener ist, zu sagen: Du kannst beide Kinder auf die Schule schicken, wir haben die Plätze, und die Lehrer sind auch da. Das hat doch nur Sinn, wenn dieser Entschluß finanziell abgesichert ist.

Das ist auch so eine Konstante in Schröders Politikverständnis: Er glaubt nicht, daß die Unterschiede zwischen konservativer und sozialdemokratischer Politik im Begrifflichen liegen. Der Punkt ist für ihn, wie diese Begriffe ausgefüllt werden.

Es gibt keinen Politiker, der nicht das Glück für alle Menschen wollte. Worin dieses Glück besteht und wie eine Politik aussehen müßte, die dorthin führt, daran scheiden sich die Geister. Darum geht es und deshalb darf man Politiker nicht danach bewerten, was sie reden, sondern danach, was sie tun.

Was im Klartext bedeutet: Das Schema der Werte, die Vorstellung von Wünschbarem ist es nicht, welche den sozialdemokratischen Politiker Gerhard Schröder von seinen konservativen politischen Gegnern unterscheidet.
Der Interviewpartner wird ungeduldig.

Ja natürlich, wenn man alles auf die Begriffe bezieht. Dennoch: Das ist ein sehr formaler Ansatz.

Aber mit diesem formalen Ansatz machen Politiker Wahlkampf.

Ist das wirklich so? Wenn ich über Gleichheit rede, dann sage ich Bafög. Wenn ich über Recht und Ordnung rede, dann sage ich, daß das nicht mit dem Knüppel geht, sondern, indem man für anständige soziale Verhältnisse sorgt. Wenn ich über Umweltschutz rede, dann sage ich, Kraftwerke dürfen nicht unentschwefelt ans Netz gehen. Also zwischen Lummer und Albrecht auf der einen und mir auf der anderen Seite gibt es schon einen gewaltigen politischen Unterschied. Manchmal bringt man das nicht so an den Mann, und dann kommen Verwechslungen auf, die mich bedrücken.

Man merkt es ihm an: Die einfache, die glatte Lösung, der große Rundumschlag liegen ihm nicht mehr. Das gilt für ihn selber und sein Konzept. Die allmähliche Verfertigung der Gedanken beim Reden ist seine Lieblingstechnik. Da kommen dann solche Originaltöne zustande:

Es gibt natürlich im linkskatholischen Lager, bei den sogenannten Herz-Jesu-Sozialisten, eine Reihe von hochanständigen, in aller Regel auch der Gewerkschaftsbewegung sehr verpflichteten Leuten, von denen mich weder theoretisch noch politisch so sonderlich viel unterscheidet. Dennoch gibt es einen kleinen entscheidenden Unterschied. Ich will, um das mal mit Heine zu formulieren, das Paradies schon auf Erden, wenn es denn geht. Ich habe meine Zweifel, daß es geht, aber immerhin. Die Linkskatholiken dürfen das nicht wollen. Darin liegt ein prinzipieller Unterschied zwischen meinem Menschenbild und dem dieser Leute. Ich glaube, man kann mehr durch Menschen und für Menschen erreichen als jene. Aber Probleme habe ich mit denen nicht – ganz im Gegenteil.

Interviewversuch über das Links-Sein

Wenn es den Begriff »Mitte« nicht gäbe, wo würden Sie sich im politischen Spektrum der Sozialdemokraten ansiedeln?

Da es den Begriff gibt, würde ich ihn für mich nie gebrauchen, ich bin nicht »Mitte«. Ich bin links und ich will das auch bleiben. Mitte ist ein imaginärer Begriff – und ich betrachte die SPD als eine Partei, die links von diesem imaginären Begriff ist.

Ich meine, wenn das Spektrum politischer Möglichkeiten am rechten Rand der SPD aufhören würde...

Das ist sehr schwierig zu sagen, also in den überwiegenden Bereichen, wo links... aber es gibt Punkte, wo ich Zweifel hätte... Wenn links zum Beispiel so eine Funktionärsgesellschaft, also wenn links bedeutet, sich einordnen, Individualität vergessen, dann bin ich nicht links. Wenn links bedeutet, Macht den Bürokraten und den Funktionären, dann bin ich schon in meiner Rolle als Strafverteidiger nie links. Da war der Staat immer auf der anderen Seite und die Bürokratie auch, und das ist eine Rolle, die ich gern habe und die mein Selbstverständnis mitdefiniert. Und wenn links heißt »Entwicklung der Produktivkräfte auf Deubel-komm-raus ohne Rücksicht auf die natürlichen Lebensgrundlagen«, und das kann man ja durchaus so definieren, dann bin ich nicht links, weil ich nicht mehr glaube, daß man das darf. Das ist die ein wenig anspruchsvolle Formel für ganz normales Wirtschaftswachstum, für die Entwicklung der Produktivkräfte. Hier hat es Prozesse des Nachdenkens, des Dazulernens gegeben. Wenn man dann die alten Schubladen benutzen will, dann merkt man, die passen nicht mehr. Übrigens, für wenige passen sie noch, die ein bißchen aufmerksam sind.

Sie haben jetzt zweimal in diesem Gespräch gesagt, daß Sie gern in der Opposition sind. Einmal als Strafverteidiger, da steht der Staat immer auf der anderen Seite, zum anderen am Beginn Ihrer politischen Tätigkeit, als Sie zu Wahlveranstaltungen gegangen sind und immer Opposition gespielt haben. Warum, um Himmels willen, wollen Sie denn in Niedersachsen die Regierungsgewalt erobern?

Mißtrauisch zu sein gegen herrschende Verhältnisse, gegen die herrschende Macht, die herrschende Meinung, was in der Tat ein Stückchen meinem Wesen entspricht, heißt ja nicht, daß man diesen oppositionellen Geist nicht einsetzen könnte, um etwas besser zu machen. Außerdem habe ich außer Widerspruchsgeist noch etwas anderes: den Wunsch, nicht Objekt zu sein, sondern handeln zu können. Und dieses Handelnkönnen ist nun mal mit dem Erwerb von Einfluß verbunden. Man soll das ruhig Macht nennen. Das ist ja kein böser Begriff, wenn diese Macht demokratisch legitimiert ist und öffentlich kontrolliert bleibt. Das Bestehende zu kritisieren, aber das jeweils Bessere auch selbst umsetzen zu wollen, das gehört zusammen und das fasziniert mich schon deshalb, weil ich bisher dazu keine Möglichkeit hatte.

Wenn Sie Ministerpräsident von Niedersachsen werden würden, müssen Sie sich klar darüber sein, daß Sie dann in

Zwänge eingebunden werden. Der Kompromiß hat schon auf dem Bahnhof in Oldenburg angefangen. Da haben Sie sich mit dem Experten des rechten Flügels der niedersächsischen SPD, Johann Bruns, geeinigt: du kriegst den Parteivorsitz und ich die Spitzenkandidatur. Besteht nicht die Gefahr, daß Sie gelegentlich auch gegen Ihre eigene Grundüberzeugung handeln müssen, einfach weil die Logik des Apparates, den Sie zu leiten haben, es so will?

Kompromisse zu machen, ist mir nicht neu, und Zwänge zu erleben, ist mir ebenfalls nicht neu. Das ist übrigens in keinem Beruf eine Erfahrung, um die man etwa herumkäme. Deswegen glaube ich, die Angst davor, sich anpassen zu müssen, ist ein Stück Flucht vor dem Risiko. Ich will das Risiko eingehen. Ich will mit dem, was ich jetzt denke, Politik machen, und ich will die Spielräume kennenlernen, die ich habe. Sollte ich merken, daß diese Spielräume nicht groß genug sind, um durchzusetzen, was ich eigentlich will, kann ich ja immer noch Konsequenzen ziehen. Aber ich habe keine Angst davor zu sagen: mir ist klar, daß ich Zwängen ausgesetzt bin, selbst solchen, die ich nicht außer Kraft setzen kann. Ich kann nämlich immer noch so viel bewirken, daß sich der Einsatz lohnt. Ein Beispiel: Ich will natürlich sofort – genau wie Lafontaine – die Berufsverbote aufheben; damit trage ich ein Stückchen mehr Liberalität in die Gesellschaft. Ich bewirke einen etwas anderen Umgang zwischen Staat und Bürgern, nicht diktiert von Angst, sondern diktiert von Vertrauen. Ich kann in einem solchen Amt dafür sorgen, daß nukleare Wiederaufarbeitung nicht stattfindet. Ich kann den Leuten helfen, die jetzt Angst haben, daß bei Salzgitter der Schacht Konrad voll Atommüll gekippt wird in einem Ausmaß, von dem man ihnen früher nichts gesagt hat. Ich kann dafür sorgen, daß das entweder nicht gemacht wird, oder aber ein Prozeß mit wirklichen Informationen und öffentlichen Diskussionen über den Sicherheitsaspekt vorgeschaltet wird. Ich weiß, daß ich nicht alles werde durchsetzen können, aber das, was geht, lohnt den Versuch.

Es gibt Leute, die sagen: der Schröder hat ein sehr solide entwickeltes Verhältnis zur Macht; er verfügt über einen umfangreichen Werkzeugkasten politischer Tricks; der will mit aller Gewalt nach oben. Schmerzt Sie so etwas?

Nein, das schmerzt mich nicht, weil es wahr ist. Das Gejammere von Politikern über solche Vorwürfe halte ich für Pharisäertum. Sie können sich nicht durchsetzen in einer Massenpartei, wenn Sie nicht ein Bewußtsein für Macht entwikkeln und den Willen, diese Macht auch auszuüben. Selbstverständlich kann man keinen Erfolg haben, wenn man in der Phase der Durchsetzung, aber auch danach, allzu viele Fehler macht. Da Erfolg in Großorganisationen, das wissen nicht nur Partei-, Gewerkschafts- und Verbandsfunktionäre, auch immer von anderen geneidet wird, gehört solches Verhalten, meinetwegen auch Kniffs und Tricks, zum handwerklichen Können. So was braucht man, um vernünftig arbeiten zu können.
Eines der großen Probleme, die der jetzige Bundeskanzler hat, ist ja nicht nur, daß er die falsche Politik macht. Nein, er vermittelt mehr und mehr die Überzeugung, daß er sein Handwerk einfach nicht beherrscht und sich lächerlich macht. Auf einer sehr viel niedrigeren Ebene würde ich über mich sagen: der macht sich nicht lächerlich, der kann sein Handwerk. Das, finde ich, ist ein Kompliment. Und das mit dem Nach-oben-Wollen – ich habe einen ganz soliden Ehrgeiz, den ich nie geleugnet habe und den ich auch nicht leugnen würde. Die, die mir diesen Ehrgeiz vorwerfen, die

unterscheidet von mir nur eines, soweit ich sie kenne und soweit ich diesen Vorwurf ernst nehme...

Die haben den auch, die geben es nicht zu...

Die geben es nicht zu, und sie haben die anderen Fähigkeiten, die ich auch habe, nicht. Mein Ehrgeiz ist einer, der nicht zügellos ist, sondern den ich zu bremsen gelernt habe. Meine Bereitschaft, mich durchzusetzen und die Fähigkeit dazu, wird von mir gewollt so eingesetzt, daß ich anderen nicht ohne Not auf die Füße trete. Ich will natürlich all das, was ich tue, auch für mich; keiner tut was, ohne selber was davon zu haben. Ich bin kein römischer Heiliger, habe auch nie von mir behauptet, das werden zu wollen. Ich glaube aber, deutlich gemacht zu haben, daß ich über den individuellen Aufstieg hinaus auch noch etwas für andere durchsetzen will, für Leute, die in einer ähnlichen Lage sind oder waren wie ich. Das motiviert mich mehr als meine persönliche Karriere, die ich im Grunde geschaffen habe. Ich kann morgen in meinem Beruf arbeiten, wenn ich die Politik aufgäbe, mit Verdienstmöglichkeiten, die besser sind, als ich sie heute habe. Es geht mir nicht in erster Linie um mich, aber ich bin auch nicht so verlogen zu behaupten, meine eigenen Interessen gingen mich nichts an.
Insofern kränken mich diese Vorwürfe nicht. Sie kränken mich nur, wenn sie von Freunden erhoben werden, die es eigentlich besser wissen müßten. Aber so viele Freunde hat man nicht in meinem Job, als daß man pausenlos gekränkt werden könnte. Die Luft ist kalt und dünn, und je höher man in der politischen Hierarchie steigt, desto kälter und dünner wird sie.

Viele persönliche Freunde hat Gerhard Schröder nicht und die, die er hat, kommen zumeist nicht aus der Politik. Er beklagt sich nicht darüber, konstatiert es nur mit einiger Kühle.

Schröder, Hannover, MdB/SPD

Gebeten, über sich selbst ein Urteil zu fällen, sagt er:

Besonders unsympathisch an mir ist eine Neigung, anderen übers Maul zu fahren, sie abzubügeln, sich nicht entwickeln zu lassen. Unnachsichtig mit Menschen zu sein, ist sicher meine unangenehmste Eigenschaft. Die angenehmste: Ich scheiße keinen an, ich bin nicht hintertücksch. Ich sage jemandem vorher, wenn ich mich mit ihm auseinandersetze. Ich kann arg zurückschlagen, aber ich fange von mir aus keinen Streit an.

Wie entsteht eine politische Vorstellungswelt, wie entstehen politische Standpunkte in Einzelfragen, wie entwickelt sich ein Politiker im Laufe seiner Karriere? Für den Pragmatiker Schröder gibt es da eine einfache Antwort: Der Politiker entwickelt sich, indem er etwas tut, weil er etwas erreichen will. Dazu muß er sich mit anderen auseinandersetzen, mit Leuten, die seine Position teilen, und vor allem mit seinen Kritikern.
Streit bringt ihm persönlich mehr Information und mehr Spaß an der Arbeit als milde oder gar pflaumenweiche Zustimmung. Außerdem hat Schiller natürlich völlig recht: Es wächst der Mensch mit seinen größeren Zwecken. Die Er-

wartungen an den Jusovorsitzenden sind anders als die an den Spitzenkandidaten, und die Anforderungen an diesen anders als an den Vorsitzenden einer Landespartei.

Die Forderungen, die andere an mich stellten, haben mich dazu gebracht, zu überlegen, ob ich ihnen genügen kann. Ich habe mich immer gefragt: Entspricht das, was die anderen von dir wollen, dem, was du selber willst, oder mußt du dich vergewaltigen? Wenn ich glaubte, den gestellten Erwartungen genügen zu können, dann habe ich den Job gemacht, und wenn nicht, dann habe ich es gelassen. Aber meistens habe ich mich für das Machen entschieden.

An der politischen Arbeit in Bonn beklagt der Abgeordnete Schröder vor allem den mangelnden Kontakt zwischen den Fraktionskollegen. Mit seinem Kollegen Freimut Duve redet er gerne und häufig. Aber außer dem fallen ihm schon kaum noch weitere Namen ein. Wenn er nicht an Plenar- oder Ausschußsitzungen teilnimmt, oder Papierkram bewältigt, wenn er also Zeit zum Reden hat, trifft er sich gerne mit Journalisten. Nicht unbedingt, damit die sofort was über ihn schreiben, wie er bescheiden anmerkt. Die Kritik, die er in solchen Gesprächen bekommt, ist in der Regel freier von politischen Hintergedanken, also kann man sie ernster nehmen. Zwar ist er nicht begeistert, wenn er kritisiert wird (»Wer hat das schon gerne, wenn er eins drauf kriegt?«), aber Kritik, meint er, sei notwendig, damit man sich nicht in seine eigenen Ideen verrennt. Die Fraktion, das ist für ihn eine Ansammlung von Einzelkämpfern, und er zitiert einen Kollegen mit dem Satz: »Wir alle sind in Bonn doch bloß auf Montage.«
Da ist es nur logisch, wenn der politische Wille der Fraktion im wesentlichen von der Fraktionsspitze vorgeprägt wird. Zwar wird in Ausschüssen und Arbeitskreisen über Vor-

schläge von oben diskutiert, so daß auch eine Art kollektiver Willensbildungsprozeß stattfindet. Doch der wird von den Spitzenpolitikern ganz entscheidend beeinflußt. Nicht so sehr, glaubt Schröder, durch deren persönliche Autorität innerhalb der Fraktion als vielmehr über die Medien. Die Führungsfiguren haben Zugang zu den Medien, und diese produzieren die Schlagzeilen. Schlagzeilen werden dann wiederum zu einem Element der fraktionsinternen Auseinandersetzung.

Es kann also passieren, daß Sie wichtige politische Entscheidungen der Fraktionsspitze erst aus der Zeitung erfahren?

Ja, natürlich. Wenn der Fraktionsvorsitzende vor die Presse geht und ein Thema transportieren will, dann haben wir das vorher diskutiert – oder auch nicht. Wenn wir nicht darüber gesprochen haben, dann ist durch die Presseerklärung erst einmal ein Fakt geschaffen. Wenn die Fraktion nämlich anderer Meinung ist, dann muß sie sich nicht nur mit dem politischen Inhalt auseinandersetzen, sondern auch mit der Tatsache, daß ein abweichendes Votum den Vorsitzenden desavouieren würde.
Somit findet politische Willensbildung in zweifacher Weise statt:
Im Idealfall als Diskussionsprozeß, also als kollektiver Vorgang; im viel häufigeren Nicht-Idealfall wird oben etwas eingetütet, an dem dann unten allenfalls ein bißchen rumgemeckert werden kann – mehr aber auch nicht. Aber was kritisiere ich diese Art des Politikmachens – ich mach's ja selbst zur Zeit nicht anders.

Wie unterscheidet sich die politische Arbeit in Niedersachsen von der in Bonn?

Das sind zwei grundverschiedene Sachen. In Bonn bin ich präsent. Ich will zunehmend auch die Bühne des Bundestages nutzen und ich versuche mir Informationen zu verschaffen – Herrschaftswissen, wenn Sie so wollen. Hier in Niedersachsen agiere ich. Hier wollen Leute von mir wissen, wo es lang geht. Hier setze ich eine politische Position durch und setze sie um in praktische Politik. Hier übe ich Führung aus. Dort bin ich zwar auch nicht mehr jemand, den man am Nasenring herumführen kann, aber ich mache eben nicht auf politische Führung.

»Auf politische Führung« macht er nicht, aber die Bühne des Bundestages nutzt er, wo er kann – dem Spitzenkandidaten der Opposition in einem Bundesland kann kaum etwas Besseres passieren, als freien Zutritt zu dieser Bühne zu haben. Das wissen auch die Bonner Parteifreunde von Ernst Albrecht, und so sind Schröders Auftritte vor dem Deutschen Bundestag immer Veranstaltungen von ungewöhnlicher Lebhaftigkeit. Beispiel: die Agrardebatte des Bundestages im Dezember 1984. Auszug aus dem Protokoll:
»Schröder: In der Debatte war von Besinnlichkeit und Hoffnung die Rede. Beschworen wurde der bäuerliche Familienbetrieb. Ich habe mich gefragt: Wie muß das eigentlich auf denjenigen wirken, der auf einem Grünlandbetrieb in der Wesermarsch oder in Ostfriesland sitzt, der schwer um seine Existenz ringt...
Dr. Meyer zu Bentrup (CDU): Die Landtagswahl ist doch erst 1986!
Schröder: ... und der nun hier gesagt kriegt, er solle doch besinnlich und hoffnungsvoll sein? Auf den muß das ja wie Zynismus wirken, wie nichts anderes.
Frau Blunck (SPD): Ist es ja auch!
Schröder: Wahrscheinlich ist es das auch.

(Beifall bei der SPD)
Schröder: Ich bin dafür, daß wir uns hier darüber verständigen, was denn die Ursachen der Schwierigkeiten sind, in denen sich bäuerliche Familienbetriebe befinden. Ich glaube, die Ursachen liegen in der Krise, in der die europäische Agrarpolitik sich befindet. Daß sie in der Krise ist, dürfte inzwischen für alle Betroffenen offenbar geworden sein. Und kritisiert wird diese Politik ja auch. Aber diese Kritik geht sehr selten ins Grundsätzliche. Sie bezieht sich im wesentlichen auf die leeren Kassen der EG, die angeblich die Korrektur dieser Landwirtschaftspolitik erzwingen. Im Grunde aber wird mit der vorherrschenden Philosophie des Durchwurstelns weitergemacht. Statt einer Neuorientierung findet lediglich eine Umverteilung der Kosten von der EG-Ebene auf die nationale Ebene statt.
Zurufe von der CDU/CSU: Das haben Sie jahrelang gemacht!
Ein aktuelles Beispiel ist die Quotenregelung auf dem Milchmarkt.
Eigen (CDU/CSU): Das ist Ihr Agrarpapier!
Schröder: Eine Regelung, gegen die sich die Sozialdemokraten gewandt haben, weil sie weder gerecht noch praktisch ist.
(Beifall bei der SPD)
Schauen Sie sich das Hickhack mit den Härtefallregelungen an. Dann werden Sie selber erkennen, worüber ich rede.
Eigen (CDU/CSU) meldet sich zu einer Zwischenfrage.
Schröder: Nein, Herr Eigen, ich werde keine Zwischenfrage zulassen, weil der Sinn der Frage, die Sie stellen, ja nicht der ist, etwas herauszukriegen, sondern allenfalls der, zu stören.
(Beifall bei der SPD)
Schröder: Die auf nationaler Ebene getroffenen finanziellen Hilfen kommen eben nicht den betroffenen Bauern zugute.

Dr. Waigel (CDU/CSU): Sie sind ein Ableser!
Schröder: Diese finanziellen Hilfen, ungerecht angesetzt, säen Zwietracht in die Dörfer...
Link (CDU/CSU): Sie haben doch keine Ahnung!
Schröder: Wenn ich dann höre, ich hätte keine Ahnung und sei kein Experte, werter Herr, dann will ich Ihnen nur einmal sagen: Die Bauern in Niedersachsen, in Ostfriesland, in der Wesermarsch haben die Schnauze von Experten Ihrer Couleur gestrichen voll. Das will ich Ihnen einmal sagen.«

Soll keiner sagen, Gerhard Schröder sei kein Fighter.

Heimat, speziell Niedersachsen

Sie haben mit Niedersachsen ein riesengroßes Land.

Noch habe ich es ja nicht.

Nicht als Ministerpräsident. Aber auch für den Spitzenkandidaten der Opposition muß ein Land wie Niedersachsen ein Problem sein. Zwischen Braunschweig und Leer, Ostfriesland, liegen nicht nur Kilometer. Können Sie wirklich landauf, landab dieses Land erreisen, mit den Leuten reden und deren Probleme zu Ihren eigenen machen?

Schröder leidet in dem Punkt offenbar nicht unter Selbstzweifeln. Die niedersächsische SPD hat für ihren Hoffnungsträger den Slogan vom »Neuen Kopf« erfunden. Gemeint ist Hinrich Kopf, langjähriger SPD-Regierungschef des Landes, bekannt und beliebt wegen seiner Bürgernähe. An ihm will der Herausforderer sich messen lassen.

Mit dieser Parole ist nicht nur ein Name gemeint, sondern auch ein Regierungsstil. Vernünftig entscheiden kann man nur, wenn man sich die Dinge selbst anguckt, über die man entscheiden soll. Die Vielfalt in Niedersachsen ist ein Problem, aber auch ein Auftrag. Ich kann nicht in Hannover sitzen und Akten studieren und aufgrund dieser Aktenlage entscheiden, was die Leute bedrückt. Manche unscheinbar erscheinende Entscheidung, die ein Regierungsbeamter in Hannover mit einem Federstrich erledigt, bringt für einen Haufen Leute vor Ort unglaublich viel Ärger und Erschwernisse und Probleme mit sich. Also kann sich, wer immer Ministerpräsident im Lande wird, nicht in der Staatskanzlei einbunkern. Wer regieren will, der muß raus und mit den Leuten reden.

Sind Sie ein überzeugter Niedersachse?

Ich lebe gerne hier, sehr gerne sogar. Ich bin ein überzeugter Norddeutscher. Die Mentalität der Menschen hier, dieses Nicht-gleich-mit-der-Tür-ins-Haus-Fallen, das gefällt mir. Die Landschaft gefällt mir, und ich habe keinen Wunsch, in München oder in Stuttgart zu leben. Man sagt, die Niedersachsen sind dröge. Das ist ein blödes Vorurteil. Sie sind distanziert und fallen nicht gleich jedem um den Hals. Aber die Kehrseite dieser Medaille ist eine gewisse Verläßlichkeit. Wenn schon Beziehungen geknüpft werden, persönlicher oder geschäftlicher Art, dann werden die auch nicht leichtfertig wieder aufgekündigt, wie das anderswo der Fall ist. Es gibt hier eine Art von Treue, eine Eigenschaft, die ich für ehrenwert und auch für schön halte.

Wie sind die Niedersachsen, sturmfest und erdverwachsen?

Ja, wenn's denn sein muß. Ich habe keine Neigung zu nationalem Kitsch, aber wenn Menschen ihre Verbundenheit zu ihrer Heimat in solchen »traditionals« ausdrücken wollen, dann habe ich auch nichts dagegen. Zum Begriff der Heimat habe ich ein differenziertes Verhältnis. Heimat, das ist für mich da, wo ich gerne lebe, wo meine Familie ist, wo meine Freunde leben, und wo ich mich wohl fühle. So gesehen, ist Niedersachsen meine Heimat. Aber Heimat, das ist ein konkreter, niemals ein abstrakter Ort. Ich kann nicht nachvollziehen, daß Leute, die in Langenhagen oder in Nienburg geboren sind, behaupten, ihre Heimat sei Schlesien. Einen Aussiedler, der in Kattowitz oder Breslau aufgewachsen ist, den kann ich verstehen, wenn er sagt: »Dort ist meine Heimat; aber Celle ist auch eine sehr schöne Heimat, selbst wenn die Großeltern aus Gleiwitz kommen...«

Gerhard Schröder ist das, was man einen Realpolitiker nennt. In eine Märchensituation kann er sich nicht hineinversetzen – oder er will es nicht. Einen politischen Wunsch, der frei wäre von den politischen und sozialen Bedingungen der Realisierbarkeit, will er sich nicht leisten. Selbst die berühmte gute Fee, die einen Wunsch freigäbe, stieße bei ihm auf Mißtrauen. Sie dürfen sich etwas wünschen für Ihr Land, ganz unabhängig von allen politischen und historischen Bedingungen. Was würden Sie sich wünschen?

Ich würde gerne mit einem Schlag die Strukturen beseitigt sehen, die für die Arbeitslosigkeit in Niedersachsen verantwortlich sind. Die hat die gegenwärtige Regierung zwar nicht geschaffen, aber sie hat auch kaum etwas getan, um sie zu verändern. Ich wollte, wir hätten hier eine Situation, die so ähnlich ist wie in Baden-Württemberg oder in Bayern. Für Deutschland würde ich mir wünschen, daß wir hier nicht zum Waffenarsenal werden für die beiden Supermächte. Wenn man das verhindern könnte, das wäre schön.

Haben Sie keine unrealistischeren Wünsche? Die deutsche Einheit etwa?

Da wäre ich zwar nicht drauf gekommen, aber das wäre auch ein schöner Wunsch. Aber der hätte wieder so viele Voraussetzungen, daß ich kaum glaube... Nein, wenn Sie wirklich einen unrealistischen Wunsch hören wollen, dann diesen: Die Gefahr des Waldsterbens müßte schlagartig gebannt sein, und ich dürfte trotzdem so schnell Auto fahren dürfen, wie ich will.

Die Zwei-Drittel-Gesellschaft

Unser größtes Problem zur Zeit ist die Gefahr, daß wir eine zerrissene Gesellschaft werden könnten. Eine Gesellschaft, in der jeder gegen jeden kämpft, in der der Stärkere ohne Rücksicht auf den Schwächeren versucht, der Stärkere zu bleiben. Die Schwächeren werden dabei zertrampelt. Unsere Möglichkeiten, mit dem Problem der Arbeitslosigkeit fertig zu werden, sind begrenzt. Die unsolidarische Gesellschaft ist daher eine akute Gefahr, nicht nur für die Ausgegrenzten, auch für die anderen. Denn eine solche Gesellschaft ist eine unfriedliche Gesellschaft.

Die Engländer bekommen das gerade zu spüren, bei den Unruhen in den Farbigenvierteln der Städte. Solche sozialen Unruhen sind notwendige Folge einer Ideologie, die Leistung als Wert an sich beurteilt und über die sozialen Verpflichtungen, die sich aus dem wirtschaftlichen Erfolg ergeben, nicht mehr nachdenkt. Diese Entwicklung ist deshalb so besonders gefährlich, weil mit ihr eine Entwicklung des Staates zu autoritären Formen einhergehen kann. Dies muß nicht geschehen, aber es kann geschehen. Die Konflikte zwischen denen, die aufgrund ihrer Leistung zum Erfolg gekommen sind, und den Habenichtsen, werden nämlich fast zwangsläufig mit den Mitteln der Staatsmacht gelöst. Aber in Wirklichkeit ist das keine Lösung der Probleme, nur ihre Unterdrückung mit Hilfe von Schlagstöcken, Tränengas, Wasserwerfern und am Ende mit den Mitteln des Polizeistaates.

In diesem Sinne stehen wir vor der Wahl: Sozialstaat oder Polizeistaat. Angesichts solcher Perspektiven besteht unsere Aufgabe darin, uns um unsere Minderheiten zu kümmern. Wie gut ein Staat ist, kann man nämlich an der Situation seiner Minderheiten ablesen. Ich denke an Sozialhilfeempfänger, an Arbeitslose, an arbeitslose Jugendliche, an Ausländer. Ich denke auch an politische Minderheiten. Alle diese Problemgruppen sind ja nicht isoliert voneinander zu betrachten. In einer unsolidarischen Gesellschaft summieren sie sich.

Die Konservativen argumentieren: Was wollt ihr eigentlich? Trotz über zwei Millionen Arbeitslosen ist unser soziales Netz so dicht, daß es zu Zuständen wie in der Weimarer Republik nicht kommt. Aber die denken eben immer wie der Mann, der aus dem 20. Stock fällt. Auf der Höhe des 3. Stocks denkt der immer noch: Bis jetzt ist ja noch nichts Ernstes passiert.

Man muß die Gefahren sehen, die kommen könnten, selbst wenn man sich damit den Ruf einer Kassandra einhandelt. Kassandra ist ja ein armes Schwein. Wenn ihre Prophezeiungen eintreffen, dann geht ihre Welt zugrunde, und wenn nicht, dann sagen alle: Da siehst du mal wieder, was bei deinen dauernden Unkenrufen herauskommt.

Politik hat etwas mit Zukunft zu tun, und wenn einer Politik macht, dann muß er mit dem Kassandra-Syndrom leben. Wenn ein Politiker Gefahren für die Gesellschaft sieht, dann besteht seine Aufgabe darin, zu verhindern, daß die eigenen Prophezeiungen eintreffen. In der Zwei-Drittel-Gesellschaft nämlich wäre der einzige Frieden der des Friedhofs. Das will ich verhindern. Friedhofsruhe ist keine sinnvolle Alternative, und deswegen darf man dem Starken nicht erlauben, auf Kosten des Schwachen zu überleben.

Der Staat als Veranstaltung zum Schutz der Schwachen gegen die Starken – das ist eine von Schröders Lieblingsideen. Aber wie soll der Abstand zwischen oben und unten verringert werden – indem man die da unten fördert oder denen da oben etwas wegnimmt?

Man muß das eine tun und darf das andere nicht lassen. Wer verspricht, er könnte unten fördern und oben alles beim alten lassen, der lügt sich und den anderen in die Tasche. Man muß sagen: Leute, wenn ihr Umweltschutz wollt, wenn ihr eine wirksame Sozialpolitik wollt, dann kostet das Geld, und für euch, die ihr oben seid, kostet es mehr Geld, als für die unten. Es hat keinen Sinn, den Menschen etwas vorzuheucheln. Sozialdemokratische Politik läßt sich nicht machen, wenn man allen wohl und niemandem wehe will.
Ich rede nicht von der totalen Betreuung. Totale Betreuung heißt immer auch totale Überwachung und damit Vernichtung der Individualität. Ich rede vom erfolgreichen Sozialstaat ohne Rundum-Bürokratisierung.

Was sagen Sie zu dem Argument, daß eine Gesellschaft ohne Lebensrisiken immer auch erhabene Langeweile produziert? In einem Staat, in dem niemand mehr ein wirkliches Risiko eingehen muß, in dem der einzelne um seinen Erfolg nicht mehr kämpfen muß, gehen doch auch die schöpferischen Impulse verloren, fehlt der Antrieb, etwas zu erreichen.

Da kann ich nur zurückfragen: Was ist denn Ihr Antrieb, was mein Antrieb zu kämpfen? Geht es wirklich nur darum, mehr Geld zu verdienen? Natürlich nicht. Privilegien, das heißt doch nicht nur Mäuse, Moos, Kies. Was Sie machen, machen Sie gerne, und was ich mache, mache ich auch gerne, und allein das ist ein Privileg: Kopfarbeit tun zu können und nicht Maloche machen zu müssen – und zwar völlig unabhängig davon, wie das bezahlt wird. Nun sind wir in der phantastischen Situation, daß unsere Traumberufe auch noch besser bezahlt werden – und das soll ja auch so bleiben, ich will ja schließlich entsprechend meinen Bedürfnissen leben.

Wir müssen jedoch dahinkommen, daß wir Privilegien in der Gesellschaft nicht ausschließlich als Funktion von Einkommen begreifen, wir, die wir zum oberen Drittel der Gesellschaft gehören. Wer nichts hat oder zu wenig, der muß vom Staat geschützt werden, der hat Anspruch auf Hilfe. Wer mehr als genug hat zum Leben, der muß begreifen, daß er doppelt privilegiert ist. Einmal weil er die Arbeit macht, die ihm Spaß macht, und nicht am Band stehen muß, und zum anderen, weil er dafür auch noch besser bezahlt wird als der Schichtarbeiter in der Fabrik. Natürlich muß ein Teil dieser Abstufungen beibehalten werden. Individueller Aufstieg muß möglich bleiben, wirtschaftlicher Anreiz für den Aufstieg auch. Der totale Versorgungsstaat ist nicht meine Utopie.

Doch es stellt sich immer die Frage nach den Grenzen. Die konservative Vorstellung von der kämpferischen Gesellschaft ohne Langeweile ist doch im wahrsten Sinne des Wortes ein Treppenwitz.

Ich bin Jurist und deshalb habe ich gelernt, politische Absichtserklärungen immer an den rechtlichen Vorschriften zu messen, die eine Gesellschaft organisieren. Also: Die Konservativen sagen, Leistung soll sich lohnen, Leistung allein soll zählen, der Wohlfahrtsstaat lähmt die schöpferische Initiative. Die Politiker und die Unternehmer, die dies sagen,

sind aber genau dieselben, die für die Beibehaltung des gegenwärtigen Erbrechts eintreten. Zum Fenster hinaus reden sie von eigener Leistung, die belohnt werden muß, und hinter vorgehaltener Hand sagen sie: Nieder mit der Erbschaftssteuer. Wir wollen, daß unsere Söhne und Töchter alles übernehmen können, was wir zusammengekratzt haben. Das heißt ja doch wohl, daß die jungen, reichen Leute nicht mehr kämpfen sollen. Die sollen die Chance haben, ihr Geld in Marbella oder Saint Tropez oder Saint Sonstwo auszugeben, sich am Jet Set oder was weiß ich für einem Set beteiligen. Wenn wir uns darauf einigen könnten, daß die Erben der Krupps und der Flicks das von ihren produktiven Eltern ererbte Vermögen hier im Lande ausgeben, dann wäre das schon in Ordnung.
Auch die Clowns einer Gesellschaft haben ja eine Funktion – und sei es nur die, die Langeweile der Fließbandarbeiter und der schwer schuftenden Hausfrauen zu bekämpfen. Und wer hier bei uns kräftig in die Speichen greift, egal in welcher Funktion, der soll in die Lage versetzt bleiben, sich Privilegien zu verdienen. Da bin ich dann auch nicht pingelig, da reden wir nicht über ein paar tausend Mark im Monat. Aber reden müssen wir über Riesenvermögen, mit denen in der Bundesrepublik Macht ausgeübt wird, während die Inhaber dieser Vermögen in südlichen Gefilden schmarotzen.

Aber ist denn eine Gesellschaft ganz ohne Schmarotzer überhaupt vorstellbar?

Nein, sicher nicht. Deshalb bin ich auch im Laufe der Jahre milder geworden in meiner Beurteilung dieser Leute. Vielleicht gibt es wirkliche Freiheit nur da, wo man begreift, daß es immer auch Menschen gibt, die sich auf Kosten anderer ein gutes Leben machen.

Freiheit für die Nichtsnutze also?

Freiheit für die Nichtsnutze ist ein Attribut der Freiheit schlechthin. Man muß respektieren, wenn einer sagt, er wolle faul sein. Man muß ihm aber auch entgegnen: Junge, das ist mit einem Risiko verbunden, das du kennen mußt. Mit dem Risiko nämlich, daß du über das Existenzminimum hinaus nichts kriegst. Wenn einer freiwillig, ohne das Verschulden Dritter, erklärt, er möchte gern unter den Brücken schlafen, dann muß er das dürfen. Wenn er da wieder weg will, wieder einsteigen will, dann hat er Anspruch auf Hilfe. Aber Aussteigen muß erlaubt bleiben.

Soviel über die Verpflichtungen der Gesellschaft dem einzelnen gegenüber. Welche Verpflichtungen hat umgekehrt der einzelne gegenüber der Gesellschaft?

Einmal materielle: Steuern und Abgaben zahlen, die Renten und die Arbeitslosigkeit finanzieren. Zum anderen hat der einzelne die Pflicht, sich zu engagieren, um Gesellschaft und Gemeinschaft lebenswert zu erhalten. Es muß ja nicht jeder gleich Politik als Beruf ausüben, das wäre ja schrecklich, weil dann die Konkurrenz in meinem Beruf viel zu groß wäre. Aber diese »Leck-mich-am-Arsch«- und »Mir-ist-sowieso-alles-egal«-Stimmung, das ist nicht Individualismus, sondern Desinteresse, nicht Privatheit, sondern Privatisierung. Mit solcher Schlafmützigkeit kann man keinen Staat machen.

Über den Fortschritt

Gerhard Schröder ist ein gebremster Optimist, was man wohl sein muß, will man Politik als Beruf erfolgreich ausüben. Der politische Schaum, den er in früheren Jahren gelegentlich vor dem Mund hatte, ist verschwunden. Die Zyne im Winkel, die so mancher ältere Politiker zur Schau trägt, ist bei ihm nicht zu spüren. Er glaubt an die Möglichkeit, die Welt zu verändern, und er stimmt auch nicht ein in den Chor jener, die über das politische Desinteresse und das fehlende Engagement der angeblichen »Null-Bock-auf-gar-nichts«-Generation jammern.
Wie ist das mit der Gefahr, daß die jüngeren Generationen, die die Welt in Trümmern nicht mehr erlebt haben, sich abkoppeln vom Politikverständnis der in der Kriegszeit und unmittelbar danach Geborenen?

Wenn ich an die Generation denke, der ich angehöre, dann ist das politische Engagement heute eher größer als damals. Wer ist denn in der Friedens- und der Ökologiebewegung? Das sind doch die jungen Leute. Wer macht denn Initiativen gegen die Zustände in der Dritten Welt? Wer arbeitet denn auf den Kirchentagen mit? Vor allem die Jungen. Wir haben eher Anlaß, mal darüber zu reden, in welch vielfältiger Weise sich die Jugend für die Gesellschaft und für das Gemeinwesen engagiert, als »Null Bock« zu beklagen. Ich glaube, wir haben einfach einen unzureichenden Politikbegriff. Politik ist nicht nur die Arbeit in den Institutionen des Staates. Politik sind eben auch all die vielen Initiativen, sind Friedens- und Ökologiebewegungen. Das muß mir nicht immer passen, was die da machen. Aber es ist Politik und politisches Engagement.

Hat sich an dem, was man »das deutsche Wesen« nennt, etwas geändert in den letzten vierzig Jahren?

Ja, davon bin ich fest überzeugt. Die dreizehn Jahre sozialliberaler Koalition haben in der Nachkriegsgeschichte einen tiefen Einschnitt verursacht. Damals sind Entscheidungen gefallen, die das soziale Klima im Land nachhaltig verändert haben und die auch nicht mehr zurückzudrehen sind.
Die Diskussion um den Abtreibungsparagraphen 218 ist dafür ein gutes Beispiel. Nicht einmal der massive Druck der katholischen Kirche und ihrer Laienbewegung, nicht einmal die drängenden Bitten des Bundeskanzlers haben es vermocht, eine in Rheinland-Pfalz mit absoluter Mehrheit regierende CDU dazu zu bringen, gegen die Abtreibung auf Krankenschein bei sozialer Indikation zu klagen. Nimmt man dieses Beispiel, das ja in den fünfziger Jahren undenkbar gewesen wäre, dann sieht man, daß die soziale und politische Wirklichkeit nachhaltig verändert worden ist.
Ein anderes Beispiel: die Außen- und Deutschlandpolitik. Alle Debatten der sechziger und frühen siebziger Jahre zu diesem Themenbereich sind geprägt von erbitterter, teilweise haßerfüllter Ablehnung der Politik der Annäherung zwischen beiden deutschen Staaten und der Ostpolitik. Heute beziehen sich die Konservativen auf den Grundlagenvertrag. Sie gebrauchen sogar Wehners Worte von der

strikten Einhaltung und vollen Anwendung. Natürlich war da auch die List der Vernunft am Werke. Aber ost- und deutschlandpolitische Reden von CDU/CSU-Politikern heute haben schon etwas Makabres, wenn ich an die damaligen Auseinandersetzungen denke. Da sind Fakten geschaffen worden, die nicht mehr wegzuleugnen sind. Das ist gut, und das ist gesellschaftlicher Fortschritt.

Bei aller Fortschrittlichkeit, die Schröder seiner Partei attestiert (und welcher Politiker täte das nicht), sieht er bei manchen Parteifreunden auch eine Tendenz, die er für gefährlich hält: den Glauben an die gesetzliche Regelbarkeit von allem und jedem.

Da zieht sich eine gewisse Hilflosigkeit, die auch in der historischen Erfahrung der Unterdrückung begründet ist, eine Tendenz, in eine leider oftmals trügerische Sicherheit zu flüchten. Meine Generation von Sozialdemokraten ist davon aber längst abgerückt. Wir wollen nicht alles regeln und nicht alles gesetzlich gängeln. Wir wollen keine Gesellschaft der »Kontrolettos«, sondern eine, in der sich auch die Schwachen aufgehoben fühlen. Dafür kann nur der Staat sorgen. Das kann man nicht wieder der Caritas übertragen, wie die Konservativen das machen wollen. Wer etwas riskiert und dabei auf die Schnauze fällt, dem muß man wieder auf die Beine helfen. Aber man darf nicht jedes Lebensrisiko abschaffen wollen.

Sind das Vorstellungen, die von den Sozialdemokraten auf dem rechten Gewerkschaftsflügel geteilt werden?

Was die Idee der Leistungsbereitschaft angeht, mit Sicherheit. Natürlich denken die Gewerkschaften sehr stark in den

Strukturen der Sozialbürokratie, und da gibt es dann im Einzelfall mal Konflikte. Aber ich rede ja gar nicht der Individualisierung das Wort. Alter, Krankheit, Arbeitslosigkeit, das sind Lebensrisiken, die man nicht mit den mildtätigen Mitteln einer Spitzwegschen Idylle privatisieren kann. Zur Bewältigung dieser Probleme braucht man große Sozialbürokratie. Aber es darf auch keine Betreuung von der Wiege bis zur Bahre geben. Sozialpolitik ist für mich eher der Versuch, vorhandenes Selbstbewußtsein und den Willen, sich selbst zu helfen, zu aktivieren und materiell abzusichern. Wir dürfen aber nicht für jedes Problemchen einen neuen Kraken von Bürokratie zeugen. Erstens lassen sich die Menschen das nicht mehr gefallen, und zweitens kostet solche Sozialpolitik auch viel zu viel.

Kurzer Exkurs über den Hauptmann von Köpenick

Sind Sie sicher, daß der Hauptmann von Köpenick heute nicht mehr erfolgreich wäre?

Er wäre es wohl immer noch, denn die Faszination, die von Autorität und Uniformen ausgeht, ist ja nicht aus der Welt verschwunden. Aber dieser Hauptmann müßte sich, glaube ich, eine ganze Menge einfallen lassen. Wenn ich mir vorstelle, wie er da mit seinem Säbel durch die Straße geht und versucht, die Leute anzumachen... Also, ein Bundeswehrhauptmann, der mit seinem Trupp ins Rathaus marschieren und sich da als die personifizierte Staatsmacht aufspielen würde, dem würde wohl ziemlich schnell irgend jemand sagen: ›Zeigen Sie mal Ihren Ausweis‹ und ›Was wollen Sie eigentlich hier‹ und ›Rufen Sie doch bitte meinen Anwalt an‹. Die Szene würde, glaube ich, sehr komisch.

Mit anderen Worten: Das Obrigkeitsdenken ist seit 1945 abgeschafft?

Nicht so sehr, wie ich es gerne hätte, aber doch viel mehr, als man hätte befürchten können. Vielleicht nicht gerade seit 1945. Das ist nämlich auch ein Ergebnis der sozialliberalen

Koalition. ›Wir wollen mehr Demokratie wagen‹, dieser Satz von Brandt ist auf fruchtbaren Boden gefallen. Dieser Prozeß ist nicht zu Ende gebracht worden, keine Frage, er wurde zu früh abgebrochen. Gott sei Dank aber sind die Leute heute nicht mehr so autoritätsgläubig, daß sie allem und jedem hinterherlaufen. Das führt übrigens auch dazu, daß Regierungen schneller wechseln.

Halten Sie dies letztere für einen Vorteil?

Kommt darauf an...

...ob Sie drankommen?

Formierte Gesellschaft, medial

Die Gesellschaft sei mobiler geworden, Politiker würden stärker gefordert und heftiger kritisiert, meint Schröder. Er sieht einen Trend, der wegführt von der formierten Gesellschaft, und einen anderen Trend, der genau in die Gegenrichtung führt.

Was mir Sorgen macht, ist die Formierung in den Medien, also in Rundfunk und Fernsehen. Ich glaube nicht an den durchgezogenen Proporz – auch nicht, wenn dieser von Sozialdemokraten beherrscht wird.
In den letzten fünf, sechs Jahren ist auf die öffentlich-rechtlichen Medien sehr viel Druck ausgeübt worden, um Konformismus nach der einen oder der anderen Seite hin zu erzwingen. Das hat nichts mit Druck zu tun, der aus der privaten Konkurrenz kommt. Den brauchen die Öffentlich-Rechtlichen nicht zu fürchten. Die Privaten kochen auch nur mit Wasser, und den großen wirtschaftlichen Erfolg des privaten Rundfunks und Fernsehens, den sehe ich noch nicht. Der Druck auf die Journalisten wird vielmehr verursacht von der Sucht der Parteien, aller Parteien, die Programmacher mit dem Knüppel der Ausgewogenheit unter den Daumen zu bekommen. Die Regel kann doch nur sein, im gesamten Programm das gesamte gesellschaftliche Spektrum zu Wort

kommen zu lassen. Journalisten, die nicht bescheuert sind, machen das doch von selbst, ganz ohne Gremiendruck. Aber innerhalb der einzelnen Sendung die Forderung nach Ausgewogenheit zu erheben, das ist Quatsch.

Ich zum Beispiel ärgere mich nicht, wenn meine Standpunkte kritisiert werden. Ich ärgere mich, wenn sie unterdrückt werden, im Gesamtprogramm nicht vorkommen. Wenn ein Journalist zu der Auffassung kommt, was der Schröder redet, das ist alles Unsinn, dann soll er das sagen dürfen. In dem Bereich haben die Politiker alle zusammen eine Menge Fehler gemacht, auch die Sozialdemokraten. Daß die Tagesschau und die Aktuelle Kamera der DDR sich zum Verwechseln ähneln, nur mit umgekehrten politischen Vorzeichen, das kann doch wirklich nicht unser Ziel sein. Wir müssen uns unabhängiges, journalistisches Arbeiten leisten können, auch wenn uns nicht immer paßt, was über uns Politiker und unsere Standpunkte geschrieben und gesagt wird. Auch Kritik, die wir dann persönlich als ungerecht empfinden, muß erlaubt bleiben. Die Pressefreiheit ist für eine funktionierende Demokratie viel zu wichtig, als daß wir sie persönlichen Empfindlichkeiten von Parteipolitikern oder Interessenvertretern unterordnen dürften.

Gibt es andere gesellschaftliche Bereiche, in denen solche Entwicklungen konstatiert werden müssen, die dem allgemeinen Trend zur Emanzipation der Gesellschaft zuwiderlaufen?

Die gibt es, zum Beispiel an Schule und Hochschule. Dort gibt es den Versuch einer konservativen Wende. Man braucht sich nur anzusehen, wie in den Erlassen der Kultusminister versucht wird, an die pädagogische Tradition der fünfziger Jahre anzuknüpfen. Wo früher die Erziehung zur

Kritikfähigkeit, zur Spontaneität, zur Kreativität im Vordergrund stand, da versucht man heute die Schwerpunkte anders zu setzen. Die Schulung in den alten Kulturtechniken soll wieder in den Mittelpunkt gestellt werden. Natürlich müssen die Schüler und Studenten diese Kulturtechniken beherrschen. Selbstverständlich muß jemand, der an der Uni studieren will, in der Lage sein, korrekt deutsch zu schreiben. Sicherlich braucht jeder, der sich selbst gebildet nennen will, einen Überblick über Geschichte und Geografie, Physik und Mathematik. Aber die Vermittlung solcher Fertigkeiten darf nicht alles sein. Mit der Feuerzangenbowlen-Penne, so schön nostalgisch sie auch im Rückblick wirkt, werden wir die Probleme der Zukunft nicht meistern. Eine Computergesellschaft ohne Kreativität und Kritikfähigkeit zu organisieren, ist schlicht und einfach unmöglich. Sie können eine hoch arbeitsteilige und kommunikative Industriegesellschaft wie die der Bundesrepublik nicht mehr nach dem Prinzip von Befehl und Gehorsam organisieren. Das geht schief, und das wissen auch die Unternehmer.

Die Unternehmer sind es, die heute sagen, daß sie keine Arbeiter und Angestellten mehr brauchen können, die nur funktionieren und nur »jawoll« sagen. Die brauchen Leute, die mitdenken und denen die Arbeit Spaß macht. Deswegen gibt es gegen den Versuch der konservativen Formierung der Gesellschaft heute Nester des Widerstandes, an Stellen, wo dies die Konservativen nicht einmal im Traum vermutet hätten.

Was ist Reaktion?

Da gibt es unverkennbar den konsequenten Versuch, fortschrittliche Entwicklungen rückgängig zu machen – in der Arbeitswelt, in der Sozialgesetzgebung, in der Arbeitsgesetzgebung. Das nenne ich die Reaktion.

Wenn Sie konservativ sagen, meinen Sie also reaktionär? Sie sind doch selbst eher ein Konservativer.

Wenn konservativ heißt, das, was überkommen und schön ist, zu erhalten, dann bin ich natürlich ein Konservativer. Ich habe leider auch lange geglaubt, Modernität sei eine Orgie aus Glas, Stahl und Beton. Aber die großen Wohnungsbaugesellschaften haben uns inzwischen vorgeführt, welche Menschenfeindlichkeit bei diesem Konzept herauskommt. Man muß zwar das Recht haben, sich zu irren. Nur, wenn man sich geirrt hat, dann hat man auch die Verpflichtung, diesen Irrtum zuzugeben und seine Folgen so weit wie möglich wiedergutzumachen...

Auch das ist eine sehr konservative Einstellung.

Das ist durchaus möglich. Ich glaube aber, wir reden von zwei verschiedenen Dingen. Nehmen wir ein Beispiel. Da

setzt sich ein Politiker hin und entwirft ein programmatisches Papier. Nehmen wir mal rein theoretisch an, der Mann heißt Andreas von Bülow, und sein Papier beschäftigt sich mit der Verteidigung Europas. Der Mann denkt fünfzig Jahre in die Zukunft und stellt die These auf, eines Tages sollten sich die beiden Supermächte aus Europa zurückziehen, und die Bundeswehr könnte in ihrer Personalstärke drastisch reduziert werden durch ein Milizsystem nach Schweizer Vorbild.
Wenn ich jetzt unter Berücksichtigung der heutigen Verhältnisse und meiner persönlichen Gedanken über die zukünftige Entwicklung Europas diese Thesen hin und her wende und zu dem Schluß komme: Herr von Bülow hat unrecht – das ist konservativ. Wenn ich aber sage: Um Himmels willen, so was darf man doch nicht denken und noch viel weniger aufschreiben, das ist reaktionär.
Wie sollen wir denn eine Programmdebatte führen, die ja in die Zukunft reichen muß, wenn keiner mehr ein Gedankengebäude errichten darf, in dem etwas Überraschendes vorkommt? Genau das ist nämlich das Ziel der Reaktionäre. Die wollen Pflöcke setzen, über die man nicht hinausdenken darf. Innerhalb dieser geistigen Grenzen soll politische Konkurrenz stattfinden, aber nicht als Wettstreit der Ideen, sondern als Machtkampf zwischen alternativen Führungseliten. Daß es dazu kommt, das darf man nicht dulden.

Wenn man dieses Konzept zu Ende denkt, kommt man zu einem Gesellschaftsmodell, in dem zwei Parteien ganz entgegengesetzter Weltanschauung miteinander konkurrieren, wie etwa Labour und die Tories in England. Halten Sie das für wünschenswert?

Ich glaube nicht, daß ein offener politischer Prozeß nur mög-

lich ist, wenn die eine Partei die eine Hälfte und die andere die andere Hälfte dessen abdeckt, was an Ideen und Maßnahmen zum Nutzen der Gesellschaft möglich ist.
Es ist für den normalen demokratischen Willensbildungsvorgang nicht notwendig, daß etwa die eine Partei die Marktwirtschaft verteidigt und die andere sich dagegen ausspricht. CDU und SPD können sehr wohl erklären, daß beide die Marktwirtschaft wollen. Dann aber geht der politische Kampf um die ungeheuer wichtige Frage, wie denn die Rahmenbedingungen dieser Marktwirtschaft aussehen sollen. Jeder Jurist weiß: Die schöne, große Grundsatzerklärung vom Balkon an die Massen ist eine Sache. Die konkrete Ausformung des politischen Willens in einzelnen Gesetzen und Vorschriften schafft erst die Realitäten. Die Konservativen möchten den Bürgern vermitteln, daß die Verhältnisse so, wie sie sind, zum besten stehen und daß politische Konkurrenz nur noch auf der Ebene von Personen oder Personengruppen stattfindet. Das aber ist mir zu wenig.

Dennoch glauben viele Bürger, daß die beiden großen Volksparteien sich wenigstens teilweise überlappen. Konkret: Die Politiker des rechten SPD-Flügels könnten vielleicht auch Mitglieder des linken Flügels der CDU sein und vice versa.

Halten Sie denn die Politiker der CDU/CSU durchgängig für Reaktionäre?

Ich wäre ja blöd, wenn ich das täte. Es gibt Leute in der Union, die Reaktionäre sind, ganz unverkennbar. Die wollen zurück nach Gestern oder Vorgestern. Aber nehmen Sie zum Beispiel Kohl. Ist er ein Reaktionär? Das ist ein Pudding, den man nicht an die Wand nageln kann. Kein Mensch weiß, wofür der denn nun genau steht.

Späth ist sicher kein Reaktionär. Und Strauß? Strauß ist ein Populist, der braucht gar kein Reaktionär zu sein, solange die überwältigende Mehrheit der CSU nach seiner Pfeife tanzt.

Daß die Union eine Volkspartei ist, ist eine Binsenweisheit. Weil das so ist, kann sie nicht nur eine Ansammlung von Reaktionären sein. Die Befürchtung ist jedoch nicht unbegründet, daß in einer Krise, in der sich die Auseinandersetzung zwischen den Besitzenden und den Habenichtsen dramatisch verschärft, die Reaktionäre in der Union sich in den Vordergrund spielen. Es könnte dann jene Gruppe in der Partei plötzlich die Linie bestimmen, die an die Lösung sozialer Konflikte durch den Einsatz staatlicher Machtmittel statt durch Sozialpolitik glaubt. Davor sollten wir alle Angst haben.

Über die innere Sicherheit

Polizisten sind Menschen, mit denen jedermann schon persönliche Erfahrungen gemacht hat. Zum Unglück für die Beamten sind diese Erfahrungen meistens negativ. Man begegnet der Polizei in einer Konfliktsituation. Polizisten tauchen nicht auf, wenn einer im Lotto gewonnen hat, sondern wenn der Lottogewinn geklaut worden ist. Es gibt eine Lage, in der der Bürger es mit der Polizei zu tun bekommt: wenn er ein Gesetz übertreten hat oder übertreten haben soll. Der Bürger befindet sich dann gegenüber dem Polizisten in einer Unterlegenheitssituation. Die Politik der Konservativen ist darauf ausgerichtet, diese Situation zu verschärfen. Der Staatsapparat soll mit noch mehr Machtmitteln ausgerüstet werden; der Bürger, straffällig oder nicht, noch mehr in die Rolle des Unterlegenen gedrängt werden.

Diese Politik stößt aber gerade bei jenen Polizeibeamten, die an der Basis, im Stadtviertel, in der Kleinstadt oder auf dem Dorf arbeiten, auf entschiedenen Widerstand. Die Beamten wollen nämlich mit den Bürgern lieber gut auskommen als schlecht. Sie sind in der überwältigenden Mehrzahl keine »Bullen« mit einer »Immer feste druff«-Mentalität. Man müßte diese Polizeibeamten also in die Lage versetzen, auch mal fünfe gerade sein zu lassen. Anders ausgedrückt: Vieles von dem, was heute im Rahmen der soge-

nannten Bagatellkriminalität durch einen langen Instanzenweg verfolgt wird, könnte die Polizei vor Ort zum Nutzen aller Beteiligten unbürokratisch erledigen. Der erhobene Zeigefinger von Schnauz-Bauz, dem Dorfpolizisten, gegenüber einem jugendlichen Ladendieb kann mehr bewirken als ein langwieriges Strafverfahren, jedenfalls bei der ersten Straffälligkeit.
Justitias Mühlen mahlen langsam, schmerzhaft und teuer. Ganz normales pädagogisches Verhalten eines mit Autorität ausgestatteten Erwachsenen kann in vielen Fällen die Justiz entlasten und Nachfolgekriminalität gerade bei jugendlichen Straftätern verhindern.

Es folgt ein Exkurs über eines von Schröders Lieblingsthemen: das staatliche Gewaltmonopol. Staatsgewalt ist legitim, solange sie sich an die Verhältnismäßigkeit der Mittel hält, sich öffentlicher Kritik nicht entzieht und die Zustände, die sie aufrechterhält, in regelmäßigen Abständen einer Überprüfung unterzieht.
Das Gespräch findet in einem Hotel in der niedersächsischen Kreisstadt Nienburg statt. Schröder hat den Vormittag über an einer Tagung von Polizeibeamten über deren berufliche und soziale Situation teilgenommen. Kein Wunder also, daß sein Gespür für diesen Problemkreis geschärft ist.
An der Theke bei einem Bier und einem Korn erzählt der Wirt Geschichten aus der Umgebung. Schröder hört aufmerksam zu, schließlich ist auch ein Wirt ein Wähler, möglicherweise sogar ein Multiplikator. Der aber sieht sich keineswegs in solcher Rolle. Gestern sei die CDU hiergewesen, übermorgen kämen die Angestellten des größten Arbeitgebers am Ort zum Betriebsfest. Der Wirt muß neutral sein.
Aber etwas will er doch loswerden, wo der Spitzenkandidat schon mal in seiner Kneipe ist. »Heute reden alle vom Um-

weltschutz und vom Landschaftsschutz und vom Denkmalschutz«, sagt er. »Hier gegenüber gab es mal eine alte Mühle mit Mühlrad und Mühlbach und Wassersturz. Damals fanden alle, das sieht so unordentlich aus, das alte Gemäuer. Als der Landkreis beschloß, das nun alles flach zu betonieren und den Bach zu regulieren, waren alle dafür. Dann wurde die Mühle abgerissen, und der Garten wurde zu einem Parkplatz, und der Bach verschwand unter der Straße. Heute würde man das nicht mehr machen, aber damals dachten wir alle, das müßte so sein. Da sieht man mal, wie ihr Politiker in die Zukunft gucken könnt.«

Wir können natürlich nicht in die Zukunft gucken. Genau das ist unser Hauptproblem. Wir beschließen heute etwas, weil es vernünftig erscheint. Wenn der Beschluß alle Instanzen durchlaufen hat und es an die Ausführung geht, dann braucht die Verwaltung auch wieder ihre Zeit, bis alles in der Wirklichkeit so gestaltet ist, wie der Beschluß von vor ein paar Jahren das vorsah.
In dieser Zeit kann sich das Bewußtsein der Bürger und ihrer Vorstellung von dem, was gut und richtig ist, gewandelt haben. Und jetzt steht der arme Polizist vor der Tatsache, daß er einen Beschluß von vor Jahren, den er heute als betroffener Bürger vielleicht auch für schwachsinnig hält, notfalls gewaltsam durchsetzen muß. Politik muß also die Möglichkeiten schaffen, solche Entscheidungen immer wieder zu überprüfen.

Der Wirt, der sein Herz ausgeschüttet hat, ist weg, um andere Gäste zu bedienen.

Nehmen Sie ein Beispiel aus einem ganz anderen Bereich, wo dies Modell von der ständigen Überprüfbarkeit politischer Entscheidungen nicht funktioniert. Wir haben eine solide parlamentarische Mehrheit, die der Auffassung ist, wir brauchten neue Raketen. Wir haben ebenso eine solide Mehrheit in der Bevölkerung gegen die Aufstellung neuer Raketen. Was sollen die Bürger in solchem Fall tun? Nach Mutlangen gehen?

Mutlangen ist ein gutes Beispiel, gerade weil die Lösung des Problems in diesem Fall viel schwieriger ist als bei der kleinen, alten Mühle in Nienburg. In beiden Fällen haben die demokratisch gewählten Volksvertretungen einen Beschluß gefaßt, der Widerstand in der Bevölkerung erzeugt, wenn es an seine Ausführung geht. Dieser Widerstand ist legitim, wenn und solange er gewaltfrei bleibt.
Ich glaube nämlich nicht, daß Sich-Hinsetzen vor ein Tor bereits gewaltsame Nötigung ist. Die Auslegung des Gewaltbegriffs durch den Bundesgerichtshof halte ich in diesem Fall für mehr als anfechtbar. Man darf nicht dazu übergehen, Menschen für gewalttätig zu erklären, die versuchen, durch passiven Widerstand die Ausführung eines politischen Beschlusses zu verhindern. Ein fünfzehnminütiges Sit-in und das Aufhalten von Fahrzeugen kann doch im Vergleich zu dem erstrebten Ziel nicht ernsthaft mit dem rechtlichen Begriff der Verwerflichkeit beschrieben werden.
Ganz streng zu Ende gedacht, muß für alle Bürger gelten: Jemandem, der gegen ein Gesetz verstößt, kann das Risiko der Strafe nicht abgenommen werden. Egal, ob alte Mühle oder Nachrüstung oder Kernenergie: Es gibt keine Freistellung von der Anwendung bestehender Gesetze wegen edler Motive. Dies ist ein unaufgebbares Prinzip des Rechtsstaates, daß die Gesetze für alle gelten, unabhängig von den Motiven, die zu einer Gesetzesverletzung geführt haben.
Wer Widerstand gegen legale und legitime Entscheidungen

des Staates leistet, muß damit rechnen, daß er bestraft wird, auch wenn er seinem Gewissen gefolgt ist.
Eine ganz andere Frage ist es, ob der Staat nicht verpflichtet ist, gerade weil es das Gewaltmonopol gibt, in solchen Fällen von der Möglichkeit einer Amnestie Gebrauch zu machen. Dann würde nämlich durch eine politische Entscheidung sowohl den Grundsätzen des Rechtsstaates als auch den Notwendigkeiten des inneren Friedens Genüge getan.

Um in solchen Konfliktfällen zu vernünftigen und gleichzeitig zu gesetzeskonformen Entscheidungen zu kommen, bedarf es einer überzeugenden Beschreibung des Gewaltbegriffs. Wie definiert der Politiker und der Jurist Schröder Gewalt?

Wenn jemand durch physische Einwirkung eine Person verletzt oder eine Sache beschädigt, das ist Gewalt. Wenn jemand durch die Androhung von Gewalt gegen Personen oder Sachen jemanden anderen dazu bestimmt, eine Handlung durchzuführen oder eine Handlung zu unterlassen, auch das ist Gewalt. Die Trennung zwischen der Gewalt gegen Sachen und der gegen Personen ist juristisch und politisch eine alberne Spitzfindigkeit.
Wenn einer die psychische und physische Unversehrtheit eines Menschen nicht verletzt, dann kann keine Gewaltanwendung vorliegen. Wenn einer eine Sache nicht beschädigt, dann kann es sich auch nicht um Sachbeschädigung handeln. Ich gebe zu, daß es da diffizile Abgrenzungsprobleme gibt.
Aber die uferlose Ausdehnung des Gewaltbegriffs, die der Bundesgerichtshof pflegt, der bereits von Gewalt sprach, als vor Jahren ein Kölner RCDS-Vorsitzender namens Laepple die Studenten aufrief, sich für kurze Zeit auf Stra-

ßenbahnschienen zu setzen, um so gegen die Erhöhung der Fahrpreise zu demonstrieren, die halte ich mindestens für höchst problematisch.

Also lieber den gesunden Menschenverstand walten lassen als eine juristische Definition?

Nein, nein. Der gesunde Menschenverstand ist mir in einem so schwierigen Bereich wie der Inneren Sicherheit zu sehr ein Wischi-Waschi-Begriff. Außerdem: Nichts ändert sich angesichts von Änderungen der politischen Lage so schnell wie der angeblich gesunde Menschenverstand.

Hatten Sie früher einen enger gefaßten Gewaltbegriff? Nehmen wir mal an, die Nachrüstungsdebatte hätte 1972 stattgefunden?

Nein, da bin ich ziemlich sicher, daß ich damals keine andere Vorstellung gehabt hätte. Die Position, daß man in einer demokratisch strukturierten Gesellschaft zur Erreichung irgendeines Zieles Gewalt anwenden dürfe, die habe ich nie gehabt. Ich kann mich nicht einmal daran erinnern, mit solchen Ideen auch nur sympathisiert zu haben. Dazu war ich mir immer viel zu sehr im klaren über die Folgen, die eine Aufweichung des Gewaltbegriffs für die Gesellschaft haben würde. Man kann einem einzelnen oder einer Gruppe nicht erlauben, sich, legitimiert durch von ihnen definierte hehre Interessen, Sonderrechte anzumaßen. Die Strafe, die darauf steht, ist der Konkurs des Rechtsstaates.

Was würde denn geschehen? Diejenigen Gruppen in der Gesellschaft, die stark genug sind (das heißt auch: wirtschaftlich stark genug) ihre Interessen durchzusetzen, würden das na-

türlich sofort tun, wenn es erlaubt wäre. Deswegen darf man das nicht erlauben – niemandem. Die Gesellschaft soll den Schwachen schützen und dem Starken ermöglichen, sich zu entfalten ... Aber niemand darf seine Interessen auf Kosten des anderen durchsetzen dürfen.
Das gilt, und das sage ich ausdrücklich, für demokratisch organisierte Gesellschaften. Für wichtige Bereiche der Dritten Welt gilt das nicht. Nehmen Sie Südafrika. Dort herrscht eine politische Situation, in der es den unterdrückten politischen und ethnischen Gruppen durchaus erlaubt sein muß, Gewalt anzuwenden, weil sie Opfer einer brutalen Gegengewalt sind. Aber für die Zustände, wie wir sie in den westeuropäischen Ländern haben, ist gewaltsamer Widerstand gegen den Staat schlechthin nicht zu rechtfertigen.

Mit dem Blick auf Südafrika argumentieren viele so: Der Prozeß der Emanzipation der farbigen Bevölkerungsmehrheit wird durch die Anwendung von Gewalt gestört. Die Regierung beginnt langsam Konzessionen zu machen, die Apartheid ist nicht mehr so schlimm, wie sie noch vor Jahren war. Wenn man jetzt Gewalt anwendet, dann treibt man die Regierung zurück in die Wagenburg, dann werden die bisherigen Erleichterungen im Umgang der Rassen untereinander wieder zurückgenommen, dann muß die Regierung auf die Gewalt der Straße mit Gegengewalt reagieren, wenn sie sich nicht selbst aufgeben will.
Ich will hier kein Kolleg über südafrikanische Politik halten. Mir geht es um eine grundsätzliche Frage. Ich sage: In einer Gesellschaft, in der eine organisierte Opposition in die Illegalität verbannt wird, wo sie sich nicht mehr organisieren darf, weil ihr die Machthaber dies unter Androhung oder Ausübung von Gewalt untersagen, da ist diese Opposition ihrerseits zur Anwendung von Gewalt berechtigt.

Das ist für mich das entscheidende Kriterium. Ich frage mich: Leben wir in einer Gesellschaft, in der Opposition legal und faktisch möglich ist oder nicht? In einem Staat aber, in dem es ein Ermächtigungsgesetz gibt, das die Opposition scheinbar legal unterdrückt, hat diese das Recht auf Widerstand, auch mit Gewalt.

Mit anderen Worten, einer Organisation wie der »Solidarität« in Polen gestehen Sie das Recht auf Gewaltanwendung zu?

Ja.

Wir beobachten dort eine politische Lage, in der...

...wobei, das muß man dazu sagen, dieses Ja eine Aussage von prinzipieller Natur ist. Wieweit die Anwendung von Gewalt zur Durchsetzung der angestrebten Ziele tatsächlich geboten ist, ob diese Opposition, auch aus ihrem eigenen Selbstverständnis heraus, tatsächlich Gewalt anwenden darf, ist eine völlig andere Frage. Es gibt und gab ja Oppositionsbewegungen, die unterdrückt wurden, die aber aus guten Gründen auf die Anwendung von Gewalt verzichtet haben. Dazu gehört die »Solidarność« ebenso wie die Bewegung Gandhis.
Es kann ein höchst wirksames Mittel des politischen Kampfes sein zu sagen: Ja, wir sind unterdrückt und wir wären berechtigt, Gewalt anzuwenden. Weil wir aber wissen, daß solche Gewalt Folgen nach sich zieht, die schlimmer sind als unser derzeitiger Zustand, verzichten wir darauf. Es steht ja schon in der Bibel, man solle glühende Kohlen auf dem Haupte des Feindes sammeln. Das kann ein sehr wirksames Mittel des politischen Kampfes sein.

Sie haben also das Gefühl, es müßte zur prinzipiellen rechtlichen Frage auch noch die taktische Überlegung kommen: Hat Gewalt in der jeweiligen Situation einen Sinn?

Man muß beides tun. Man muß auf eigenes Risiko die Gewissensfrage beantworten: Habe ich das Recht zur Gewaltanwendung? Diese Gewissensfrage kann einem niemand abnehmen.
Man muß zweitens eine Antwort auf die Frage finden: Was bringt die Anwendung von Gewalt zur konkreten Verbesserung der Lage? Die zweite Frage braucht mich als Bürger einer demokratischen Gesellschaft, in der im Moment halt eben – leider – nur die anderen an der Macht sind, nicht zu interessieren. Ich habe nur die Frage zu beantworten, in welcher theoretischen Situation der Bürger das Recht hätte, sich gegen das staatliche Gewaltmonopol zur Wehr zu setzen. Dieser Zeitpunkt ist für mich dann erreicht, wenn die Opposition gegen die Entscheidungen des Staates oder gegen die Inhaber staatlicher Macht aus Prinzip unterdrückt wird, wenn das Formulieren und Austragen aller abweichenden Meinungen im Rahmen einer Scheinlegalität unterdrückt wird.
Wenn das so ist, halte ich Gewaltanwendung für zulässig. Aber auch dann muß es noch jeder einzelne mit sich ausmachen, wie er damit zurechtkommt. Ich persönlich hätte da meine Schwierigkeiten. Aber weil ich kein Pazifist bin, kann ich mir Situationen vorstellen, in denen auch ich persönlich bereit wäre, Gewalt auszuüben.

Seit Baader-Meinhof und »Roter Armee Fraktion«, seit Brokdorf und Startbahn West, mit randalierenden Chaoten, die im Namen einer besseren Welt Pflastersteine und Mollis schmeißen und vor Körperverletzung und Plünderungen nicht zurückschrecken, gibt es eine unverkennbare Tendenz zu mehr staatlicher Präsenz. Mehr Schilde, mehr Helme, mehr Schlagstöcke, mehr CS-Gas und mehr Wasserwerfer. Der Staat, so hat ein kluger Mann formuliert, läßt sich durch die Chaoten zwingen, Elefanten durch die Straßen traben zu lassen.

Es gibt unverkennbar eine staatliche Neigung, auf jede gesellschaftliche Fehlentwicklung mit einer Verstärkung von Polizei und Justiz zu reagieren. Das ist schlecht, und zwar prinzipiell schlecht. Prinzipiell richtig wäre es, die Fehlentwicklungen im Sozialen, auf dem Arbeitsmarkt, in der Drogenszene anzugehen. Man darf nicht dem Irrglauben anhängen, es sei auf Dauer möglich, Konflikte allein mit der Polizei in den Griff zu kriegen. Darin liegt eine Fehleinschätzung der Probleme und eine Überforderung von Polizei und Justiz. Staatliche Gewaltanwendung ist Ultima ratio, letztes Mittel, nachdem alle anderen versagt haben.
Staatliche Gewalt muß sein, im Einzelfall, aber eben als letztes Mittel. Das ist wie bei einem Ehekrach. Der mit den stärkeren Argumenten oder mit den stärkeren Mitteln kann den Streit für sich entscheiden – gewinnen kann er nicht. Es geht in der sozialen Auseinandersetzung nicht um die Beseitigung der Symptome, es muß um die Beseitigung der Ursachen gehen.
Aus der Anwendung staatlicher Gewalt gegen einzelne oder Gruppen ergibt sich darüber hinaus eine Verpflichtung. Die Verpflichtung nämlich, sich darum zu kümmern, was hernach mit dem von staatlicher Gewalt Betroffenen geschieht und was mit den Verhältnissen, die ihn zum Betroffenen gemacht haben. Der Staat kann in Notfällen nicht auf den Knüppel verzichten – ich sagte ja schon, ich bin kein Pazifist. Aber nachdem der Knüppel niedergesaust ist, müssen eben

jene, die seinen Einsatz angeordnet haben, sich darum kümmern, warum der Einsatz nötig wurde und wie die Betroffenen wieder unbescholtene Mitglieder der Gesellschaft werden können. Staatliche Fürsorge und staatliche Gewalt müssen sich gegenseitig rechtfertigen. Ohne einander ist keins von beiden denkbar.

1984 oder der gläserne Mensch

Datensammelwut halte ich für einen der gefährlichsten staatlichen Fehler überhaupt. Auf dem Gebiet bin ich ein klassischer Liberaler. Nur, daß die, die sich liberal nennen, auf diesem Gebiet einiges von ihren Grundsätzen unterwegs vergessen haben. Jener Staat ist ein guter Staat, der möglichst wenig über seine Bürger wissen will.
Selbstverständlich ist die Bekämpfung von organisiertem Verbrechen nur möglich, wenn man etwas über Taten und Täter weiß und dieses Wissen auch behält. Nur muß gelten: Im Zweifel für die Freiheit. Die grundsätzliche Abschaffung des Verbrechens wäre nur möglich, wenn man hinter jeden einzelnen einen unbestechlichen Polizisten stellen würde. Genau dies aber wäre das Ende der Freiheit. Also hat Freiheit einen Preis, den Preis der Möglichkeit ihres Mißbrauchs. Solchen Mißbrauch muß man minimieren. Aber die Vorstellung vom Sonnenstaat, von einem Staat, der aufgrund seiner Informationsfülle Verbrechen ein für allemal ausmerzen kann, die halte ich für grauenerregend.
Doch Daten, die einmal gesammelt sind, gibt der Computer so leicht nicht wieder frei. Ebensowenig wie die Menschen, die ihn bedienen. Datensammlungen an sich bringen keine sinnvolle Information. Erst wenn man die gesammelten Daten zueinander in Beziehung setzt, kommen Überblicke,

Zusammenhänge, Bilder zum Vorschein, die das Sammeln der Ursprungsdaten überhaupt lohnend machen. Kein Wunder also, daß Datenverarbeitungsfachleute sehr zögernd sind, wenn es darum geht, einmal gesammelte Daten wieder aufzugeben.

Wenn man Computerfachleute danach fragt, ob es eigentlich eine technische Möglichkeit gibt, das Problem der Datensammelwut zu lösen, dann ist die Antwort ein klares und entschiedenes Nein. Eigentlich wäre es doch die schönste und eleganteste Lösung, wenn man dem Rechner einen Befehl einprogrammieren könnte, ab einem bestimmten Sammelpunkt alle eingegebenen Daten wieder zu löschen – ohne Ansehen der Person. Das geht nicht, sagen die Fachleute. Da können Sie sich nicht drücken, das müssen die Politiker schon selber entscheiden.

Na gut, wieder ein Problem, das nur wir lösen können. Aber ich beklage mich nicht. Wir sind schließlich angetreten und gewählt worden, damit wir Probleme lösen. Vor eine derart komplexe Aufgabe gestellt, denkt man nach, man redet mit Freunden (auch mit Gegnern) und findet schließlich einen Ausweg, der einem selbst plausibel erscheint. Der Ausweg in diesem Fall heißt: Dezentralisierung. Wir verfügen über eine Vielzahl von Daten aus dem Leben jedes einzelnen, und das läßt sich auch überhaupt nicht verhindern. Über Krankheiten wissen die Krankenkassen, die Ärzte und die Krankenversicherungen Bescheid. Über Unfälle, Feuer, Lebenskrisen die allgemeinen Versicherungen. Über die finanziellen Verhältnisse wissen die Finanzämter so gut wie alles. Wie man wohnt, wieviel Zimmer man hat, wie die familiäre Lage ist, wie viele Kinder man hat, eheliche oder uneheliche, das alles wissen die Einwohnermeldeämter. Was wir für ein Auto fahren und ob der TÜV es abgenommen hat, weiß unser Ordnungsamt; ob mein Konto überzogen ist, weiß meine Bank; wann ich im Ausland in welchem Hotel wohne, weiß mein Sowieso-Club oder Sowieso-Express. Wann ich von wo nach wo geflogen bin, weiß die Lufthansa, und wenn ich die Bundesbahn genommen habe, dann wissen die das auch. Diese unterschiedlichen Organisationen, Institutionen, Firmen müssen solche Daten mit gutem Grund auch haben; denn sie liefern mir ja Leistungen, die ich bezahlen muß. Nur eines muß verhindert werden – notfalls auch mit gesetzlichen Mitteln...

...die Vernetzung von Daten, die Zwischenschaltung von einem Computer zum anderen.

Genau, diese Vernetzung muß strikt verboten werden. Darin scheint mir der beste und sinnvollste Datenschutz zu liegen, den man haben kann. Das Verbot, Datenbanken zu schaffen, die miteinander in Verbindung stehen, hat eine wichtige Schutzfunktion. Wenn man auf dieses Verbot verzichtet, schafft man den »gläsernen Menschen« und erzeugt damit zugleich ein Stück Verlust von politischer Kultur.
Kultur nämlich lebt davon, daß der Große Bruder eben nicht alles weiß oder wissen könnte. Die Leute, von denen ich meine Macht vielleicht bekomme, die haben ein Anrecht darauf, daß ich nicht alles und jedes von ihnen wissen will.

Aber es gibt eine Neigung bei den Menschen, das, was gemacht werden kann, auch wirklich zu machen. Die Vernetzung von zwei großen Datensystemen, zum Beispiel dem der Polizei und dem der Rentenversicherung, ist mit einem Adapter zum Telefonapparat herzustellen. Die Maschine kostet ein bißchen über 400 Mark.

Genau das ist der Grund, warum so etwas verboten werden muß. Eine Erfindung macht die Verbindung von Rechner zu Rechner möglich – okay. Die Bundespost stellt die Leitungen dafür zur Verfügung – okay. Der eine Computer reagiert auf den anderen, und die beiden tauschen Informationen aus, und ein Mensch hört mit und macht sich Notizen. Ich kann nichts dafür, daß die technische Entwicklung so etwas ermöglicht. Solche Entwicklungen können wir Politiker nicht aufhalten. Oder wir haben sie nicht aufhalten können aufgrund unserer Unzulänglichkeit. Nun sind sie da und damit stehen wir vor einer neuen Aufgabe.
Es gibt diese Rechner und sie haben diese Speicher und Austauschkapazitäten. Meine Aufgabe als Politiker besteht nun darin, das zu steuern. Als Herr Nobel das Dynamit erfand oder Herr Browning den Revolver, der in die Hosentasche paßt, da konnte man ja auch nicht die Uhr der technischen Entwicklung zurückdrehen. Da mußte man Regelungen schaffen, mit denen bestimmte Verhaltensweisen erlaubt und andere unter Strafe gestellt wurden.
Beim Datenschutz müssen politische Sicherungen eingeführt werden. In diesen Regeln muß klar gesagt werden, was gesammelt werden darf und was nicht. Und genauso klar muß gesagt werden, unter welchen Umständen welche Daten wie lange aufgehoben werden dürfen.
Wir brauchen uns nicht über Einzelheiten zu unterhalten. Eine Grundregel aber gilt in jedem Falle: Der Staat muß längst nicht alles wissen, was er wissen könnte.

Sie und Ihre Fraktion haben doch für die Volkszählung gestimmt, bevor das Bundesverfassungsgericht das Recht des Bürgers auf informationelle Selbstbestimmung festlegte.

Wenn Sie mich vor zehn Jahren nach der Volkszählung gefragt hätten, dann hätte ich in aller Unschuld gesagt: So was muß man wohl haben, man muß ja politisch planen können. Man muß wissen, wie viele Menschen wo wohnen und wo arbeiten, sich jeden Tag mit öffentlichen oder privaten Verkehrsmitteln auf welchen Strecken bewegen. Man muß wissen, wie viele Menschen zu welchen Altersgruppen gehören, damit man planen kann, wann wie viele Schulplätze, wie viele Lehrstellen, wie viele Arbeitsplätze und welche Rentenzahlungen erforderlich sind.

Inzwischen haben wir gelernt umzudenken. Für die Sozialdemokraten bestand früher eine Notwendigkeit, sich angesichts allgemeiner Planungsfeindlichkeit Daten zu besorgen, um vernünftige Politik für die Zukunft auf der Basis solcher Daten machen zu können. Heute haben sich die Schwerpunkte verlagert.

Es ist nicht mehr so, daß man gegen eine allgemeine Unlust, Daten für Planungszwecke herauszupflücken, kämpfen müßte. Man muß sich vielmehr gegen eine allgemeine Datensammelwut zur Wehr setzen. Klar, das ist eine Folge der technischen Entwicklung. Früher sammelte man Daten und schrieb sie auf Karteikarten. Das war ungefährlich, denn kaum eine Institution konnte diese aufgeschriebenen Daten zu einem komplexen Bild zusammenführen. Heute genügt ein Knopfdruck, um die vorhandenen Daten zusammenzuführen. Mit dieser neuen Technik hat sich auch der Kampf um die Freiheit des Individuums auf ein ganz anderes Schlachtfeld verlagert.

Solche Gesamtschau von Bewegungsbildern und komplexen Ablaufbildern aus dem Leben des einzelnen Bürgers halte ich für lebensgefährlich für die Demokratie, selbst, wenn derartiges Vorgehen der Verbrechensbekämpfung dienen sollte.

Aber die Behörden machen so was doch nicht aus Bosheit oder weil sie den »gläsernen Menschen« endlich herstellen wollen.

Selbstverständlich nicht. Ich kann einen engagierten Staatsanwalt, der sich solcher Methoden bedient, übrigens durchaus verstehen. Der hat jeden Tag mit einem Haufen von bürokratischem Mist zu tun und zu Recht sagt er sich: Mensch, drei Wochen Fahndungsarbeit könnte ich mir ersparen, wenn ich die Möglichkeit hätte, auf einen Computerknopf zu drücken. Was wollen diese Politiker eigentlich? Verbrecher schützen? Diesem pflichtbewußten Beamten muß man sagen, daß die drei Wochen Fahndungsarbeit, die er und seine Kollegen zu leisten haben, der Preis sind für die Freiheit der Gesellschaft.
Perfekte Verbrechensbekämpfung ist möglich in einer total beherrschbaren und total beherrschten, mit anderen Worten, in einer totalitären Gesellschaft, in der die Staatsmacht alles, aber auch wirklich alles über jedes Individuum weiß. Wenn so etwas per Knopfdruck abrufbar wird, gibt es vielleicht die erfolgreichste Verbrechensbekämpfung aller Zeiten, aber von Freiheit kann dann keine Rede mehr sein.

Beherrschbarkeit und Macht haben doch etwas miteinander zu tun. Wenn Sie sagen, die Bürger sollen Ihnen Macht geben, dann müßten Sie logischerweise auch fordern, daß Sie die erforderlichen Informationen zur Durchführung dieses Machtauftrages erhalten. Der Politiker, der Entscheidungen von weitreichender Bedeutung treffen soll, befindet sich in einer weit schwierigeren Lage, als der Strafverfolger, der seinen Mörder erst zwei Wochen später fängt, weil ihm der Knopfdruck am Computer verwehrt wird. Wo sehen Sie die Grenze der öffentlichen Verfügbarkeit von Daten?

Diese Grenze ist wesentlich enger gezogen, als viele glauben. Erstens muß man sowieso eine gesunde Skepsis haben gegenüber den Ergebnissen von Planung – auch von politischer Planung in hochkomplizierten Gesellschaften. Selbst eine statistisch so leicht zugängliche Information wie die über »Baby-Berge und -Täler« hat uns ja nicht vor der Überraschung bewahrt, als es in der Schule, bei den Lehrlingen, bei der Bundeswehr und an den Arbeitsplätzen jeweils soweit war. Skepsis gegenüber der Planbarkeit ist also das erste Korrektiv. Das zweite muß die Überzeugung sein, daß die Freiheit stirbt, wenn über die Menschen zuviel an Wissen zentral gesammelt wird.

Widerstand und Staatsgewalt

In Niedersachsen, dem Bundesland, das Schröder zu regieren wünscht, gibt es eine Vielzahl von Bürgerinitiativen, die gegen Maßnahmen staatlicher Politik zu Felde ziehen. Was soll der Politiker tun, wenn seine Entscheidungen auf den Widerstand von Bürgern stoßen – die Entscheidungen ändern?

Es gibt verschiedene Arten von Widerstand – zum Beispiel den nach dem St.-Florians-Prinzip: »Heiliger St. Florian, verschon mein Haus, zünd andre an!« Da bilden sich Bürgerinitiativen gegen eine Müllkippe oder gegen einen Kindergarten für Behinderte in einem feinen Wohnviertel. Mit anderen Worten: In manchen Fällen sind Bürgerinitiativen nichts anderes als Interessenvertretungen von Bürgern zur Durchsetzung ihrer Privilegien. Dagegen würde ich das von der Mehrheit definierte Gemeinwohl stellen und auch durchsetzen.
Es sind andere Fälle denkbar, in denen Widerstand gegen staatliche Entscheidungen eine Diskussion dieser Entscheidungen nötig macht. Je mehr eine Entscheidung in die tägliche Lebenssituation vieler Betroffener einschneidet, desto eher gilt, daß politische Entscheidungen auch überprüfbar und notfalls rückholbar sein müssen. Kommt man nach einer solchen Überprüfung zu der Auffassung, daß die Ent-

scheidung gerechtfertigt war, dann muß man sie durchsetzen. Dann aber stellt sich die Frage der Legitimation. Wenn ich beispielsweise für den Bau der Startbahn West in Frankfurt verantwortlich gewesen wäre, ich hätte mich nicht vor einem Volksentscheid gedrückt. Möglicherweise hätte auch ich die Startbahn schließlich bauen lassen. Aber wegen des zeitlichen Abstandes zwischen der Planungsentscheidung und dem tatsächlichen Baubeginn, ein Zeitraum, in dem sich ja das Bewußtsein der Bürger über die Notwendigkeit des Schutzes der Umwelt drastisch verändert hat, hätte ich diese Entscheidung wahrscheinlich einer Volksbefragung unterworfen.

Ich finde, wir sollten auch in Niedersachsen so wie in Bayern die Institution des Volksentscheids in die Verfassung schreiben. Ein Volksentscheid ist doch nichts anderes als ein Schutz, den ich mir selbst organisiere, um keine Fehlentscheidung zu fällen. Ich glaube nämlich nicht an die Unfehlbarkeit im allgemeinen und schon gar nicht an die Unfehlbarkeit politischer Entscheidungen im besonderen. Wenn ich also weiß, daß ich mich irren kann, dann muß ich bereit sein, meine Maßnahmen zu überprüfen, wenn Widerstand der Bürger gegen sie manifest wird.

Konflikte zwischen der Regierung, die ich zu führen hätte, und den vielfältigen Bürgerinitiativen im Lande kann und will ich daher nicht ausschließen. Ebensowenig will ich die Möglichkeit ausschließen, daß ich nach einer Überprüfung einer solchen Entscheidung zu dem Ergebnis komme, daß sie richtig war und daß ich dann verpflichtet wäre, den Anspruch des Staates auch mit staatlicher Gewalt durchzusetzen. Das wäre mir nicht recht und auch nicht geheuer. Aber etwas, das ich für meine Pflicht als Politiker halte, würde ich auch ausführen. Ein gutes Beispiel für diese Art Politik hat Ernst Albrecht einmal vorexerziert. Er hat ein Hearing veranstaltet über die Frage, ob die Nuklearfabrik von Gorleben, das Zwischenlager und die Wiederaufarbeitungsanlage errichtet werden sollen oder nicht. Das Hearing zu veranstalten, war eine sehr vernünftige politische Maßnahme. Nur: Man muß sich dann hinterher auch an die Ergebnisse halten, selbst wenn einem diese nicht passen.

Was gibt Ihnen eigentlich die Sicherheit, daß Sie immer genau wissen, welche Entscheidungen so bedeutsam sind, daß sie gravierende Folgen für spätere Generationen haben?

Diese Sicherheit gibt es nicht. Die Idee, es könnte eine Richtigkeitsgewähr für Entscheidungen geben, sollte sich jeder Politiker schleunigst abschminken. Eines der wichtigsten Probleme der Konservativen besteht darin, daß sie das Dogma der Unfehlbarkeit geistig noch nicht überwunden haben. Der Finanzminister, der Wirtschaftsminister, der Verteidigungsminister und fast alle ihrer Kollegen glauben an die eigene Unfehlbarkeit. Und selbst wenn sie die Möglichkeit des persönlichen Irrtums konzedieren, so sind sie doch fest davon überzeugt, daß der Staat sich etwas vergibt, wenn er eine einmal getroffene Entscheidung revidiert.
Mit dem Irrtum ist es in gewisser Weise so ähnlich wie mit dem Tod. Wir alle wissen, daß wir irren können, wir alle wissen, daß wir sterben werden. Aber jeder einzelne von uns vermag die Tatsache, daß er irgendeines Tages sterben wird, ebenso wenig zu akzeptieren wie die Tatsache, daß er sich irren kann und auch irren wird. Eine Gewähr für Richtigkeit kann es also nicht geben.
Eine Notbremse gegen den Irrtum aber sind kritische wache Bürger, die aus größerer Nähe auch eher in der Lage sind, die Fehler von Entscheidungen und ihre Gefahren zu erkennen. Das ist der Hauptgrund dafür, daß sich mein Politikbe-

griff ausdrücklich nicht nur auf staatliche Institutionen bezieht. Ich mache die Politik doch nicht alleine. Politik machen auch jene, die sich gegen mich engagieren. Vielleicht ist ihre Politik manchmal sogar die bessere.
Man kann nicht auf jeden Widerstand hin sein Mäntelchen nach dem Winde hängen. Aber man muß wissen, daß Widerstand gegen staatliche Entscheidungen ein vernünftiger Bestandteil des politischen Prozesses sein kann. Das Schlimmste wäre, wenn alle immer alles ruhig hinnähmen. Nicht Ruhe, Unruhe ist die erste Bürgerpflicht.

Andererseits sind jedoch viele staatliche Entscheidungen mit allen ihren Konsequenzen vom Normalbürger kaum zu überblicken.

Das stimmt nicht mehr so ganz. Die Erfahrung zeigt, daß der Sachverstand in mancher Initiative gegen staatliches Vorgehen größer ist als der Sachverstand, den die Regierung für sich mobilisieren kann.
Die Organisation der Arbeit hat sich für uns alle geändert. Wir haben mehr Freiheit. Folglich fragen sich viele Leute, was sie nun mit der Zeit anfangen sollen, die ihnen vermehrt zur eigenen Verfügung steht. So beschäftigen sich heute hochqualifizierte Männer und Frauen, die zum Teil viel, viel mehr wissen als die Berater der Regierung, mit politischen Entscheidungen und ihren Folgen.
Besonders gut sieht man das am Beispiel des Widerstandes gegen die Kernenergie. Unter den Kernkraftgegnern sind ja keineswegs nur Leute, die emotional dagegen sind. Da gibt es, etwa im Fall Gorleben, Geologen von hohem Renommee, die mit ihrem wissenschaftlichen Sachverstand zu dem Ergebnis kommen, daß die Regierung eine falsche Energiepolitik macht.

Wir können es uns heute als Politiker nicht mehr so einfach machen zu sagen, wir hätten den Sachverstand gepachtet und die anderen seien die Dummköpfe. Die informationelle Machtbalance zwischen Bürgern und Staat ist weitgehend hergestellt. Ich meine sogar, daß der Staat den gegnerischen Sachverstand nicht nur hinnehmen, sondern sogar selbst organisieren und auch bezahlen müßte. Insbesondere gilt das bei Entscheidungen, die über Generationen Auswirkungen haben. Wir dürfen uns doch nicht vorwerfen lassen, wir hätten nicht auch noch die letzte Möglichkeit genutzt, um eine solche Entscheidung so gut und richtig wie möglich zu treffen.

Ökonomie und Ökologie

Volltönende Erklärungen zum Thema Umweltschutz werden zur Zeit an jeder Straßenecke wohlfeil angeboten. Dennoch kann man sich des Eindrucks nicht erwehren, daß immer noch zu wenig wirklich geschieht. Wo sehen Sie das Hauptproblem der Umweltpolitik?

Der Begriff der ökologischen Modernisierung der Industriegesellschaft bringt das, was wir tun müssen, auf einen Nenner. Es ist notwendig, einerseits die industrielle Produktion und damit den Fortbestand unserer Gesellschaft sicherzustellen, andererseits aber umweltschützende und ethische Gedanken in den Produktionsprozeß zu integrieren.
Wir können nicht in die Postkutschenzeit zurück – ganz abgesehen davon habe ich meine Zweifel, ob die wirklich so idyllisch war –, wir können aber auch nicht so weitermachen wie bisher. Was haben wir denn in der Vergangenheit gemacht? Wir haben gesagt: Wirtschaft ist eine Sache, die nach ihren eigenen Bewegungsgesetzen abläuft und nützliche Güter produziert. In einem zweiten Schritt haben wir dann durch Politik versucht, dafür zu sorgen, daß die schädlichen Wirkungen, die bei der Produktion neben den guten auftreten, begrenzt werden.
Ökologische Modernisierung kann zum Beispiel darin be-

stehen, daß man die Kosten für das Nichteinbauen von Umweltschutztechniken bei Industrieanlagen erhöht. Bei der Energiewirtschaft und vielen anderen Bereichen läßt sich das machen und wird ja auch zum Teil gemacht.
Aber das eigentliche Problem liegt nicht darin, zu bezeichnen, was geschehen muß. Es liegt auch nicht darin, ein Regierungsprogramm mit Worten zu definieren oder ein Oppositionsprogramm dagegenzusetzen. Ich würde es nicht als meine Aufgabe ansehen, zehn klugen Papieren ein elftes hinzuzufügen.
Das Problem liegt im konkreten Handeln. Dann zeigen sich nämlich die Konflikte. Dann erst erweisen sich Formelkompromisse, auf die man widerstreitende Interessen gebracht hat, als brüchig. Ich würde mich bei jeder konkreten industriepolitischen Entscheidung fragen, ob sie dem Prinzip der ökologischen Modernisierung genügt.
Ein Beispiel: Wir hatten zu entscheiden, ob das Braunkohlekraftwerk Buschhaus ans Netz gehen sollte, unentschwefelt und unentstänkert. Als ich nach Niedersachsen kam, um Landespolitik zu machen, waren meine Partei und meine Fraktion eigentlich dafür, das so zu machen, wie alle vorschlugen. Der Grund: Druck aus der IG Bergbau und Energie und Angst um Arbeitsplätze. Ich habe zwar erhebliche Zweifel, ob das Argument mit den Arbeitsplätzen gestimmt hat, aber nehmen wir mal an, es wäre so gewesen. Gegen diese Entscheidung sprachen erstens die erheblichen Umweltgefahren und zweitens die Aufgabe des Prinzips, von Umweltschutz nicht nur zu reden, sondern ihn zu machen. Ich habe mich für die Umwelt entschieden und für das Prinzip der ökologischen Modernisierung.

Sie haben sich mit dieser Entscheidung nicht durchsetzen können, weil Sie im Landtag nicht die Mehrheit haben.

Buschhaus ist unentschwefelt ans Netz gegangen. Landesregierung und Bundesregierung betonen aber immer wieder, dies sei auch völlig richtig gewesen, denn de facto sei die Umweltbelastung in der Region um das Kraftwerk nun geringer als bisher.

Landesregierung und Bundesregierung lügen. Sie lügen deswegen, weil sie niemals mit angeben, daß sie auch die Stromproduktion heruntergefahren haben. Der Trick besteht darin, daß nun unter Umständen im Jahresdurchschnitt weniger in die Luft gepustet wird, der Dreckausstoß pro erzeugter Stromeinheit aber größer ist. Aber selbst wenn sie recht hätten: Wie soll man den Bürgern denn glaubwürdig machen, daß man umkehren will in der Umweltpolitik, wenn ein nagelneues Kraftwerk ohne Umweltschutztechnik angefahren wird, bloß weil man es juristisch als Altanlage definiert hat. Das alles noch dazu, wo wir auch in Niedersachsen Überkapazität an Strom haben.
Das ficht mich alles nicht an. Die Regierung wird immer Begründungen dafür finden, daß sie im Ergebnis recht gehabt hat, und die geneigte Presse wird das auch immer drucken. Nur: Es stimmt nicht, und ich glaube, immer mehr Leute begreifen es auch.
Zweites Beispiel: Die Wiederaufarbeitungsanlage in Dragan. Ökologische Modernisierung bedeutet, daß wir mit unseren Ressourcen vorsichtig umgehen müssen. Das betrifft vor allem die Energiegewinnung. Ich weiß, daß wir in diesem Jahrhundert nicht ohne Kernkraft werden leben können. Weil dies aber eine sehr problematische Form der Energiegewinnung ist, müssen wir uns die Möglichkeit des Ausstiegs offenhalten. Wir dürfen also keine neuen Abhängigkeiten schaffen.
Glaubwürdig ist diese Position nur durchzuhalten, wenn

man nein sagt zur Wiederaufarbeitungsanlage. Das wäre nämlich ein Schritt in die nächste Stufe dieser gefährlichen Technologie geworden. Es reicht aber nicht, wenn Schröder nein sagt, er muß dieses Nein dann auch in der Fraktion, die ganz anderer Meinung war, und in der Partei organisieren. Das ist geschehen.

Die Fraktion der SPD war demnach ursprünglich für die Errichtung der Wiederaufarbeitungsanlage in Dragan.

Ja, sicher. Aber Fraktionen können ihre Meinung auch ändern, vor allem, wenn man ein bißchen nachhilft. An diesen beiden Beispielen kann ich nachweisen, daß ich in der praktischen Politik für die Umsetzung des Prinzips der ökologischen Modernisierung gesorgt habe. Die Aufgabe, die wir alle dabei haben, das kann man nicht oft genug betonen, besteht darin, die Konflikte, die darüber entstehen, auch auszuhalten. Natürlich hat es Ärger mit den Gewerkschaften gegeben und den wird es auch weiter geben.

Inzwischen findet man keinen Politiker mehr, der sich nicht vehement für Umweltschutz ausspräche.

Durch die Erklärungen von Politikern aller Parteien fühle ich mich bestätigt. Leider nicht durch die Handlungen. Diese CDU-Regierungen verhalten sich nämlich in jedem auftretenden Konflikt zum Umweltschutz ausgesprochen opportunistisch.
Da hat Herr Albrecht das Technologie-Zentrum in Ülzen erfunden. Das ist ein vornehmer Ausdruck für eine Waffenschmiede. Da gibt ein armes Land wie Niedersachsen 240 Millionen Mark aus der Portokasse. Begründung: Das schafft neue Arbeitsplätze. Wir engagieren uns in militäri-

scher Forschung, weil dabei Teflon-Pfannen für die zivile Nutzung abfallen. Mit mir läuft so was nicht. Das ist nämlich ökonomischer Unsinn, diese Umwegfinanzierung.
Im übrigen kann man nicht ständig für »Frieden schaffen mit immer weniger Waffen« reden und gleichzeitig jetzt auch noch die Haushalte der Länder einsetzen, um einen Betriebsausflug in die Schöne Neue Welt der Zukunftswaffen zu unternehmen.

Jetzt will ich Sie mal ärgern. Gesetzt den Fall, Sie kommen an die Regierung. Dann melden sich die Umweltschützer und sagen: Stoppt doch endlich dieses unsinnige Dollart-Hafen-Projekt. Genau für dieses Projekt aber hat sich Ihr Landesvorsitzender Bruhns, der aus Ostfriesland kommt, vehement ausgesprochen.

Da habe ich großes Glück gehabt. Diesen Umweltschützern würde ich nämlich das Gutachten der Universität Oldenburg über die Umweltverträglichkeit des Dollart-Hafens vorlegen. In diesem Gutachten, an dessen Richtigkeit zu zweifeln ich keinen Anlaß habe, steht drin, daß die ökologischen Schäden für den Fall, daß man den Dollart so läßt wie jetzt, bereits im nächsten Jahrhundert größer wären, als wenn man den neuen Hafen baut. Wohlgemerkt die ökologischen, nicht die ökonomischen Schäden. Aber ich gebe zu, wenn das Gutachten nicht da wäre, dann wäre ich in Schwierigkeiten gekommen und hätte mich wohl doch opportunistisch verhalten müssen. Ich habe in einer ganzen Reihe von industriepolitischen Fragen gegen die Fortschreibung des alten Trends entschieden und dies in meiner Partei auch durchgesetzt. Aber ich kann natürlich nicht gut durchs Land laufen und pausenlos sagen: Hier dürft ihr nicht bauen, da dürft ihr nicht bauen. Irgendwann sind nämlich die objektiven Mög-

lichkeiten erschöpft, so etwas zu sagen und es dann auch noch durchzusetzen und eine Mehrheit dafür zu organisieren.
Man muß den Leuten auch Zeit, hinreichend Zeit, geben, sich mit der Notwendigkeit einer neuen Politik anzufreunden. Ein Politiker kann Konflikte in der Regel nur im Einklang mit dem Massenbewußtsein entscheiden. Wenn er gegen das vorherrschende Bewußtsein der Mehrheit entscheidet, was im Einzelfall möglich sein muß, dann darf er daraus kein Prinzip machen. Das müssen dann ausgesuchte Konflikte sein, bei denen die Chance besteht, daß die gegenläufige Entscheidung in einer überschaubaren Zeit von der Mehrheit nachträglich als richtig begriffen wird.
Wenn ich diese Grenzen meiner Entscheidungsfreiheit mißachte, dann bin ich zwar rein, aber auch klein. Und das nützt weder mir noch dem anderen Prinzip von Politik, das ich durchsetzen möchte.

Allerdings ist der Dollart-Hafen ein Projekt, bei dem der ökonomische Nutzen gänzlich unklar ist. Man muß befürchten, daß das Projekt sich ebenso zum Milliardengrab entwickeln wird wie der Versuch, Wilhelmshaven zur Energiedrehscheibe Europas zu machen.

Die Kosten-Nutzen-Relation des Dollart-Hafens ist in der Tat hundsmiserabel. Wenn man das nur nach betriebswirtschaftlichen Kriterien zu entscheiden hätte, würde man diese Investition wohl bleiben lassen. Aber hier geht es nicht nur um betriebswirtschaftliche Betrachtungsweisen. Das ist eine arg gebeutelte Region, dieses Ostfriesland.
Wir hoffen zwar nicht darauf, daß mit dem Hafenprojekt riesige Industrieansiedlungen verbunden sein werden, aber ein bißchen was von der Rieseninvestition wird wohl in der

Region hängenbleiben. Man könnte ja geschickte Ausschreibungsverfahren wählen, die die Sache auch für mittelständische Unternehmen interessant werden lassen.
Es geht hier aber viel weniger um glorreiche Neuansiedlungsprojekte, als vielmehr um Bestandssicherung. Man muß da etwas machen. Glücklich ist das alles nicht, weil die Situation da oben nicht glücklich ist. Aber ich kann mit gutem Gewissen sagen, der Kompromiß verletzt nicht das als richtig erkannte Prinzip. Auch ich kann gezwungen sein, gegen zu schnelle Fortschritte in die richtige Richtung aus ganz anderen Gründen ein Veto einzulegen. Der Dollart-Hafen hätte so ein Fall werden können. Aber wie gesagt – ich habe ökologisches Glück gehabt.

Wie aussichtsreich schätzen Sie denn Ihre Möglichkeiten ein, in der von den Unternehmern und den Gewerkschaften immer wieder hergestellten Konfliktsituation zwischen Arbeitsplätzen und Umweltschutz Ihre Linie durchhalten zu können? Die Unternehmer haben ja nicht nur die Möglichkeit zu sagen, daß sie durch umweltschützende Produktionsweise in wirtschaftliche Schwierigkeiten gebracht werden. Sie haben auch die Möglichkeit, solche Schwierigkeiten durch konkrete Entscheidungen herbeizuführen.

Es ist nicht die unmittelbare Drohung mit dem Machteinsatz der Unternehmen, die das Problem erzeugt. Nur Klein Fritzchen stellt sich vor, daß der Unternehmer sagt: Ich habe das Geld, und wenn du nicht tust, was ich dir sage, dann setze ich mein Geld woanders ein. So läuft die Einflußnahme nicht, außer vielleicht in Hessen im Kampf gegen die rotgrüne Koalition. Das Problem besteht darin, daß die Macht des Kapitals von den Medien in vielfältiger Weise verstärkt wird. Was das Kapital für ökonomisch vernünftig hält, wird von den Medien als ökonomisch vernünftig dargestellt, und hinreichend viele Menschen glauben das auch. Es kommt eine Verstärkung der Macht des Kapitals hinzu, die Sozialdemokraten besonders große Schwierigkeiten macht, nämlich die Mobilisierung der Beschäftigten, auch der Gewerkschaften zum Nutzen der kurzfristigen Interessen der Unternehmer.

Das wird für einen Sozialdemokraten immer zum ganz schwierigen politischen und menschlichen Problem, wenn der Unternehmer auf der Matte steht und mit ihm auch gleich der Betriebsrat. Ich habe mich doch vor mir selber verpflichtet, Arbeitnehmerinteressen wahrzunehmen. Nun steht mir hier ein Arbeitnehmer gegenüber, der sagt: Ich habe die und die konkreten Interessen, und die sind völlig identisch mit dem, was mein Chef dir gerade vorgetragen hat. Dann hat man plötzlich nicht nur die Kapitalinteressen gegen sich, sondern die Arbeitnehmerinteressen auch. Sich dagegen durchzusetzen, ist nicht nur unter machtpolitischen Gesichtspunkten unheimlich schwer. Das ist auch ein schwieriges menschliches Problem. Man will doch den Kollegen nicht enttäuschen.

Wenn man eine neue Politik machen will, kommt man aber unausweichlich in diese Lage. Denn es ist ja leider wahr, daß unter jeder Veränderung der gesellschaftlichen Entwicklung die wirtschaftlich Schwachen stärker zu leiden haben. Die traurigste Erfahrung ist es für mich, wenn die Kollegen dann sagen: Uns mutest du das zu, wir riskieren unsere Arbeitsplätze, und du lebst gut von deinen Diäten.

Dagegen das an sich als richtig erkannte andere Prinzip von Politik durchzusetzen, ist unglaublich schwer. Man kämpft dabei nicht nur gegen Interessen der anderen Seite, sondern man kämpfte auch gegen die Interessen von Menschen, die man eigentlich gern hat.

Und wie kommen Sie da raus?

Das kann man nicht generell sagen. Bei mir waren die Betriebsräte von Buschhaus und die von Dragahn. Denen habe ich gesagt: Ihr müßt meine Entscheidung verstehen, ich kann euch nicht helfen.
Aber das geht nicht jedesmal so. Man wird im Einzelfall auch einmal das ökologisch eigentlich Gebotene zurückstellen müssen, der Interessen der Arbeitnehmer zuliebe. Vielleicht kann man auch einen Kompromiß aushandeln. Aber das Ganze ist deshalb so schwierig, weil das Kapital in solchen Fällen mehr als nur sich selbst mobilisieren kann.

Existiert denn die Interessenidentität zwischen Unternehmer und Arbeitnehmer wirklich, die ein solcher Betriebsrat feststellt, oder sitzen die Kollegen einem Irrtum auf?

Das ist auch wieder nicht mit ja oder nein zu beantworten. Kurzfristig existiert diese Interessenidentität leider häufig tatsächlich. Stichwort Böhringer, die Firma in Hamburg, die zum Schutz der Umwelt geschlossen werden mußte.
Wenn die Politiker verlangen, daß eine solche Produktion eingestellt wird, ist es natürlich nicht redlich, den Leuten zu sagen, das betrifft euch nicht. Zumal dann, wenn der Arbeitsmarkt so ist, wie er ist. Die Leute finden doch nicht am nächsten Tag einen neuen Job.
Man muß sehr vorsichtig sein, wenn man den Kollegen sagt, wie sie ihre Interessen zu definieren haben. Das können die nämlich ganz gut selber.
Ich kann nur dagegenhalten mit dem Argument, daß eine Produktion, die so umweltschädlich ist, so oder so nicht mehr lange aufrechterhalten werden kann. Irgendwann verlangen nämlich die Menschen, die in der Umgebung des be-

treffenden Werks wohnen, mit Macht die Einstellung der gefährlichen Produktion. Wenn das so ist, dann fängt man besser mit einschneidenden umweltpolitischen Entscheidungen an, bevor das Kind in den Brunnen gefallen ist.

Hinter Lübeck, auf der anderen Seite der Grenze zur DDR liegt eine Sondermülldeponie namens Schönberg. Dort wird ein großer Teil des Mülls, den man in der Bundesrepublik kaum los wird, relativ kostengünstig abgekippt. Auch das ist eine Form von St.-Florians-Politik. Den Dreck, den wir bei uns nicht unterbringen, den kippen wir hinter den Eisernen Vorhang, mit dem heimlichen Gedanken: Sollen doch die Kommunisten sehen, wie sie damit fertig werden. Was soll denn nach Ihrer Vorstellung die ökologisch modernisierte Industriegesellschaft mit ihren Abfällen anfangen?

Wir sind ganz am Anfang der Bewältigung dieses Problems durch die Industrie. Die Bundesrepublik hat unzählige Milliarden an Forschungsmitteln in die Entwicklung der Kernenergie gesteckt. Wenn wir auch nur einen Bruchteil davon in den letzten Jahrzehnten in die Erforschung der Entsorgungsprobleme von Industrie- und Hausmüll gesteckt hätten, wären wir heute wesentlich weiter. Wir müssen dem japanischen Beispiel folgen und eine wirkliche Offensive in der industriellen Bewältigung des Umweltschutzes erreichen. Und dafür hätte ich eine Wunschvorstellung: Wir müssen das Geld, das wir heute für Verteidigung ausgeben, in den Umweltschutz investieren.

Mit staatlichen Investitionen in dieser Größenordnung?

Mit staatlichen Investitionen dieser Größenordnung. Der Verteidigungshaushalt ist die Verschleuderung von Res-

sourcen für eine nutzlose Produktion. Das gleiche Geld, eingesetzt für die Erforschung und Entwicklung wirksamer Umwelttechnologie, würde uns in ziemlich genau der Zeit, die wir noch zur Verfügung haben, helfen, die Erde vor der Verwüstung zu bewahren.
Man kann den Bürgern nicht versprechen, daß ihre Abgaben geringer werden. Aber daß sich die Ziele ändern, für die sie ihre sauer verdienten Steuergroschen ausgeben, das kann man ihnen versprechen.

Das wäre ja wirklich schön. Aber Sie müssen mir schon verzeihen, wenn ich Ihnen das nicht abnehme.

Vielleicht bin ich zu optimistisch. Aber ich glaube, daß sich unser Wertschema ändert. Die Dimension des Waldsterbens ist zur Zeit nur für die Fachleute erkennbar. In spätestens fünf Jahren wird das Waldsterben auch für den, der es zu verdrängen versucht, überall zu sehen sein. Das Gift in der Nahrung, die Vergiftung unseres Lebens wird mit jedem Tag für jedermann erfahrbarer. Die Menschen merken, daß Umweltgifte sie verderben, die Schönheiten des Landes vernichten, die Tiere und Pflanzen kaputtmachen. Die werden eines Tages vor einem Schornstein, aus dem Dioxin entweicht, mehr Angst haben als vor der nebulosen Gefahr, daß die Russen kommen.
Man kann daher nicht ausschließen, daß der Druck der Betroffenen eines Tages so stark wird, daß er nicht nur eine Änderung der Politikerreden erzwingt, sondern auch, was viel wichtiger wäre, eine Änderung der Haushaltspolitik.

In den letzten zwei, drei Jahren konnte man bei der Lektüre der Zeitungen das Gefühl bekommen, es sei eigentlich ein großes Wunder, daß überhaupt noch irgendein Mensch am

Leben ist. Im Wein ist Glykol – nun ist Glykol sogar schon in den Gummibärchen –, im Bier Bromessigsäure, im Brot Antisamine, Steak erzeugt Krebs oder enthält wenigstens Östrogene, und Holzstaub von der deutschen Eiche erzeugt Nasenkrebs. Haben Sie nicht den Eindruck, daß diese ständig neuen Meldungen von Niederlagen an der Umweltfront die Bürger irgendwann abstumpfen könnten? Irgendwann muß doch das Gefühl entstehen, wenn alles giftig ist, dann ist das nächste Umweltgift nun auch schon egal.

Die Gefahr besteht. Bisher ist sie aber in den Meinungsumfragen nicht erkennbar. Alle Daten, die wir kennen, zeigen, daß die Bürger von keinem Thema, mit Ausnahme vielleicht der Arbeitslosigkeit, so sensibilisiert sind wie vom Umweltschutz. Keine wichtige politische Auseinandersetzung – Wahlkampf oder nicht Wahlkampf – kann im Moment gemacht werden ohne eine Position zum Umweltthema – und wenn es auch nur eine verbale Position ist. Wir brauchen auch nicht alle Hoffnung fahren zu lassen. Nicht die niedersächsische SPD, sondern die bayerische Staatskanzlei hat ein Gutachten herausgegeben, nach dem nicht die Rüstungsindustrie, sondern die Umweltbranche im Moment die größten Wachstumsraten zu verzeichnen hat. Dieser Trend wird nicht zurückgehen, sondern weiter wachsen. Wozu soll ich also Pessimist sein? Pessimismus hilft uns nicht. Wir wollen ja leben und überleben, und dafür dürfen wir nicht nur reden, dafür müssen wir etwas tun.

Frieden, weltweit und auch sonst

Gerhard Schröder wohnt in einem kleinen Dorf, zwanzig Kilometer von Hannover. Er hat eine Frau (in dritter Ehe), zwei Stieftöchter, einen Garten, ein Haus mit einem großen Knöterich außen und viel moderner (eher pessimistischer) Grafikkunst innen, einen Birnbaum und zwei dicke, schwarze Neufundländer. Seiner Frau, seiner Töchter und seiner Neufundländer kann er sich schwerer erwehren als politischer Abweichler in der Fraktion.

Sie haben eine Familie, zwei wunderschöne Hunde und ein niedliches Haus. Aber was haben Sie eigentlich davon?

Also, ehrlich, wirklich, ganz so schlimm ist das nicht. Ab und an schon, aber – ich will nicht in diese Klage einfallen, dieses jammervolle Lied, das die Politiker immer singen, wenn sie ihre Familienverbundenheit zeigen wollen. Sie machen ihren Job und machen ihn, ehrlich gesagt, auch ganz gerne. Aber damit es nicht so auffällt, wie gerne sie ihn machen, klagen sie darüber, wie selten sie zu Hause sein können. Ich versuche, sooft es geht, hier zu sein, aber das Klagelied singe ich nicht mit. Ich habe mir meinen Beruf selbst ausgesucht, und ich wußte, was auf mich zukommen würde. Sicher gibt es deswegen familiäre Konflikte, das kann man gar nicht bestreiten. Doch ich tue gerne, was ich zur Zeit tue, und bin mit mir eigentlich im reinen. Wo meine Familie nicht im reinen ist mit mir, speziell meine Frau, da wird das hart, aber fair ausgetragen.

Sie halten nichts von dem amerikanischen Modell, nach dem ein Politiker, der etwas werden will, auch immer eine heile, heimische Welt vorweisen muß?

Es gibt keine heile Welt und wenn irgendwo eine heile Welt vorgeführt wird – ob bei einem Fernlastfahrer oder einem Politiker oder einem Bauarbeiter auf Montage oder auch einem Journalisten –, dann ist das eine Scheinwelt. Bei uns gibt es eine Reihe von Konflikten, die aufbrechen, weil wir zuwenig Zeit füreinander haben. Es gibt aber auch Auseinandersetzungen über Politik, wegen unterschiedlicher Einschätzungen und natürlich, weil ich zuwenig hier zu Hause tue, viel weniger jedenfalls, als ich sage. Insofern ist das hier keine heile Welt, und wir spielen auch nicht heile Welt.

Kriegt man damit Wähler?

Keine Ahnung, ob man damit Wähler kriegt. Ist auch nicht wichtig. Die Leute sind ja nicht so blöd, Denver oder Dallas oder die Schwarzwaldklinik für die Wirklichkeit zu halten. Sie wissen oder sie merken irgendwann, daß es eine heile Idylle in der unheilen Welt nicht gibt und nicht geben kann. Man erreicht Menschen eher, wenn man an ihre eigenen Erfahrungen anknüpft und offen zugibt, was wahr ist: Warum soll es den Politikern anders gehen, als euch selber. Wir haben die gleichen täglichen Auseinandersetzungen, die gleichen Sorgen und Schwierigkeiten mit den Kindern, die gleichen Sorgen und Schwierigkeiten mit uns selbst. Wir sind die gleichen Menschen und leben in der gleichen Welt. Klar, wenn einer herkommt, den ich nicht kenne, dem werde ich nicht gleich die ganze Palette meiner persönlichen Probleme auf den Tisch legen. Dem werde ich natürlich die Schokoladenseite zeigen.

Aber Hausmusik müssen Ihre Töchter nicht machen?

Müssen sie nicht. Die eine will nicht und die andere macht es freiwillig. Die ist wohl, so sagen die Lehrer, eine ganz begabte Flötenspielerin. Aber im Fernsehen werden wir das nicht ausbreiten.

Sie haben draußen an Ihrem Haus dieses Zeichen, die zwei blauen Dreiecke, daß dieses Haus ein im Kriegsfalle zu schützendes Kulturgut enthält. Ist das ein Gag?

Nein, das hat mir ein Pastor geschenkt, der in der Friedensbewegung arbeitet. Die meisten Leute, die hier vorbeikommen, halten das allerdings für das bayerische Staatswappen.

Glauben Sie, daß das Zeichen was nützt?

Nein, aber ich finde, mit so einem Zeichen kann man ganz gut klarstellen, welcher Wahnsinn in manchen gesetzlichen Regelungen steckt. Man muß sich das mal vorstellen: Da machen die solche Schilder aus Holz oder auch aus Metall und heften sie an Häuser oder Kirchen in der wahnwitzigen Hoffnung, in einem künftigen Krieg würden Gebäude, die dieses Zeichen an sich haben, von der Zerstörung verschont bleiben. Das erinnert mich immer ein bißchen an die Art und Weise, wie Manöver abgehalten werden. Da werden in der Lüneburger Heide ganze Landstriche in Mondland-

schaften verwandelt, um üben zu können, wie man den letzten Krieg hätte gewinnen können.
Die Szenarien, an denen diese Manöver orientiert sind, stammen nämlich aus dem Zweiten Weltkrieg, so wie die Manöver unter Hitler am Ersten Weltkrieg orientiert waren. Diese ganzen Übungen haben aber überhaupt nichts zu tun mit der ungeheuerlichen, katastrophalen Wirklichkeit eines dritten Krieges, der ja, zumindest in Mitteleuropa, ein atomar ausgetragener Krieg wäre.
Diese blauen Rauten hängen vor meinem Haus, damit sie auf zwei Dinge hinweisen. Einmal: Was muß wohl in den Köpfen der Leute vorgehen, die solche Gesetze machen und glauben, das nutzt was, denn sonst würden sie sie ja nicht machen. Zum anderen: Diese Gesetze beziehen sich auf den Schutz von Häusern. Die Menschen, die darin leben, sind offenbar weniger schützenswert. Ich glaube, der Pastor, der mir das geschenkt hat, wollte auf diese Menschenverachtung hinweisen, und deshalb hängt das Schild an meiner Haustür.

Waren denn Sozialdemokraten an der Herstellung dieses Gesetzes unbeteiligt?

Sicher nicht. Parlamentarismus ist ein hoch arbeitsteiliger Prozeß. Ich kann also nicht garantieren, daß ich es nicht – durch Abwesenheit vielleicht – mitbeschlossen habe. Wäre ich dabei gewesen, hätte ich sicher revoltiert. Aber Abwesenheit des Abgeordneten ist auch Verantwortung. Das ist das gleiche wie beim Volkszählungsgesetz. Ich habe dem zugestimmt, nicht weil ich davon überzeugt war, sondern weil ich den Kollegen, der in der Innenpolitik arbeitete, gefragt habe: Gibt's da Probleme? Der hat mit dem Kopf geschüttelt, und damit war für mich die Sache klar.

Das wird immer wieder vorkommen, daß man als Abgeordneter in Anspruch genommen wird und verantwortlich gemacht werden kann für Gesetze, die man hat durchlaufen lassen. Dieser notwendigerweise arbeitsteilige Prozeß des Gesetzemachens verhindert nämlich, daß jeder einzelne Abgeordnete zu jeder Zeit über jede denkbare gesetzliche Veränderung genau Bescheid weiß. Da übernimmt man dann stillschweigend Verantwortung für Gesetze, deren Inhalt man manchmal weder genau kennt noch wirklich will. Es gibt für alle Teilbereiche der Politik Fachleute und es muß sie auch geben. Anders können sich die Parteien kaum durch die komplizierten Einzelheiten neuer Gesetzgebungsvorhaben hindurcharbeiten. Wenn ein Gesetz zur Abstimmung steht, kann man die Experten fragen, die man kennt, und von denen man weiß, daß man mit ihnen im allgemeinen auf der gleichen Linie liegt. Wenn die aber nicht aufgepaßt haben, dann kann es durchaus zu Fehlentscheidungen kommen.

Haben Sie nicht manchmal den Eindruck, daß Sie einfach viel zu viele Gesetze produzieren?

Es gibt diese Klage über die Gesetzesflut – und da ist sicher auch etwas daran. Wenn man aber eine hochkomplizierte Gesellschaft gesetzlich organisieren will und wenn man dabei größtmögliche Gerechtigkeit walten lassen will, dann müssen die Gesetzesvorhaben sehr differenziert sein. Man kann nicht einfach darauf vertrauen, daß die Gerechtigkeit schon durch die Verwaltung hergestellt werden wird. Also muß man sich sehr viele denkbare Einzeltatbestände im voraus vorstellen und für die gesetzliche Regelungen finden. Manchmal regeln wir dann durch ein Gesetz mehr, als der Erhaltung von Freiheitsspielräumen dienlich ist.

Doch man muß abwägen: Will man per Gesetz Gerechtigkeit erreichen und helfen, daß Menschen ihre Lebenschance verwirklichen können, auch wenn sie von unterschiedlichen sozialen Ausgangspositionen starten, dann muß man im Gesetzestext zur Differenzierung bereit sein. Wenn man so wenig wie möglich von vorneherein regelt, dann ist das Gesetz zwar wahrscheinlich einfacher, aber man überläßt auch vieles den Zufälligkeiten und den Einstellungen jener, die das Gesetz auszuführen haben. Trotz aller Klagen: Ich glaube nicht, daß man das Ausmaß gesetzlicher Regelungen wirklich drastisch beschränken kann. Deswegen mag ich in die Klagen über die Gesetzesflut auch nicht einstimmen. Wovon wir weniger brauchen könnten, wäre allerdings die Masse der Verwaltungsvorschriften und Verordnungen. Da könnte man sich in vielen Fällen mehr auf die schöpferischen und demokratischen Fähigkeiten jener verlassen, die die Gesetze anzuwenden haben.

Zurück zu dem blauweißen Schild vor Ihrem Haus und Ihrer These, daß die Verteidigungspolitiker sich auf die Gefahr eines möglichen Krieges mit den Kategorien voratomaren militärischen Denkens vorbereiten. Wie fit sind Sie denn eigentlich auf dem Gebiet der Sicherheitspolitik?

Ich habe für die Sicherheitsexperten aller Parteien hauptsächlich Mißtrauen übrig. Was die bisher zustande gebracht haben, ist ja wirklich nicht so doll. Wenn man sich die Geschichte der Abrüstungsverhandlungen ansieht, dann ist das in Wirklichkeit die Geschichte limitierter Aufrüstungen. Man hat nie gesagt: Wir bauen vorhandene Waffensysteme ab. Man hat immer gesagt: Wir begrenzen die Zahl der neuen Waffen, die wir bauen könnten. Wenn die Menschheit Glück hatte in der Vergangenheit, dann haben solche Be-

grenzungsversuche funktioniert. Gegenwärtig funktionieren sie weniger denn je.
Ich habe mich mit diesen Fragen intensiv auseinandergesetzt, intensiv genug, denke ich jedenfalls, und ich habe mein Urteil dazu. Ein wichtiger Bestandteil dieses Urteils ist: So bedeutsame Fragen darf man nicht den sicherheitspolitischen Experten überlassen, auch nicht den eigenen. Das mindert meine Wertschätzung für Egon Bahr oder Karsten Voigt nicht, die Experten auf diesem Gebiet sind.
Kein verantwortlicher Politiker aber kann sich hinter Experten verstecken. Man muß das Wissen dieser Sachverständigen nutzen und es unvoreingenommen hinterfragen. Man muß die Raketentypen nicht beim Namen nennen können, um sich ein Urteil über strategische und abrüstungspolitische Fragen bilden zu können. Elefanten, die nach besseren Weidegründen suchen, sind ja auch keine Meteorologen.

Wie stellen Sie sich denn die Welt vor, in der der Dritte Weltkrieg nicht stattfindet?

Man muß unterscheiden zwischen dem Ziel, das man hat, und dem Weg zu diesem Ziel. Auf diesem Weg muß es sicherlich auch Zwischenziele geben, die man kurz- oder mittelfristig ansteuert. Aber langfristig habe ich mir den Satz der christlich orientierten Friedensbewegung zu eigen gemacht: Frieden schaffen ohne Waffen.
Die Verballhornung dieses Satzes zu »Frieden schaffen mit immer weniger Waffen« ist meiner Meinung nach eine sprachliche Unanständigkeit.
Das, was wir an Ressourcen weltweit verschleudern, um uns und die Dritte Welt aufzurüsten, könnten wir vernünftiger verwenden, um Hunger und Elend in der Welt total zu

beseitigen. Mit allem, was wir wissen und was wir technisch können, könnte unsere Erde ein blühender Planet sein. Weil das so ist – und es gibt niemanden, der dies bestreitet –, muß man sich als Politiker auch eine Welt ohne Waffen vorstellen und für dieses Ziel arbeiten können. Das ist meine konkrete Utopie.

Eine ganz andere Frage ist, wie man diese Utopie erreicht, welche Strategie man braucht und welche Zwischenziele. Dabei muß man einkalkulieren, daß man in seinen Zielen immer wieder zurückgeworfen wird. Das zeigt sich gerade an der Entwicklung der Friedensbewegung, nachdem die Stationierung der Pershing II nicht verhindert werden konnte.

Als klargeworden war, daß die Demonstrationen und die Proteste die Stationierung nicht würden verhindern können, da haben die Konservativen gejubelt: Alles klar, haben sie gesagt, viel Lärm um nichts. Jetzt haben wir die Raketen, und mit der Friedensbewegung ist es aus.

Natürlich habe auch ich nach dem Stationierungsherbst nachgedacht, und ich bin zu dem Ergebnis gekommen: Es hat keinen Zweck, daran zu glauben, daß das Heil für die Friedenspolitik von der einen oder der anderen Supermacht kommt. Mein Mißtrauen ist inzwischen zu groß, als daß ich glauben würde, das Heil kommt von der einen oder der anderen Seite der beiden Supermächte. Die haben beide keine Bereitschaft, Zustände zu schaffen, die friedenspolitisch auch uns, den Mitteleuropäern, nützen. Das hat gar nichts mit Gleichsetzung, Äquidistanz oder dergleichen zu tun. Bei beiden Supermächten, Amerika und der Sowjetunion, ist ein Egoismus vorhanden, bei dem aus dem Willen, die eigene Macht zu behaupten, auch Machtstreben über die eigenen Freunde und Partner resultiert. Deswegen glaube ich, daß diejenigen nicht recht behalten werden, die darauf vertrauen, daß zwischen den beiden großen Mäch-

ten, der USA einerseits und der UdSSR andererseits, ein Abrüstungsprozeß in Gang gesetzt werden könnte.
Was ist also die Alternative? Die Alternative besteht darin, beim Nachdenken über einen Friedensprozeß in Europa die nationalen Eigenständigkeiten dieses Kontinents – und damit meine ich nicht nur Westeuropa – gegen die beiden Supermächte ins Feld zu führen. Die Großen, die Kleinen und die Mittleren haben in vielen Bereichen der Wirtschaft, der Sozialpolitik und natürlich auch der Sicherheitspolitik ganz unterschiedliche Interessen, und zwar unabhängig von ihrer Blockzugehörigkeit. Diese Interessenunterschiede müssen klargemacht werden, auch wenn das der jeweiligen Supermacht nicht gefällt.
Ein Zwischenziel, unterhalb der großen Utopie vom selbständigen Europa könnte also darin bestehen, daß die nationalen Interessen der kleinen und mittleren Staaten in beiden Blocksystemen gegenüber der jeweiligen Führungsmacht zur Geltung gebracht werden.

Mit anderen Worten, Sie reden von Emanzipation.

Ich rede von Emanzipation, die sich zunächst innerhalb der jeweiligen Bündnisse entwickeln muß. Am Ende dieses Prozesses aber steht die Vorstellung, daß die Europäer in die Lage versetzt werden, sich selbst, ohne die Hilfe fremder Mächte, zu verteidigen. Die Zielvorstellung, den Abzug aller fremden Truppen aus Europa zu erreichen, finde ich daher vernünftig und sinnvoll. Sie hat für mich überhaupt nichts Erschreckendes. Das wäre vielmehr ein Schritt auf dem Wege zu dem langfristigen Ziel, Europa von der polnischen Ostgrenze bis zur portugiesischen Küste unabhängig zu machen von fremden Einflüssen.

Dennoch verteidigen sich in diesem Modell immer noch west- und osteuropäische Staaten gegeneinander, wenn auch der Einfluß der USA und der UdSSR minimiert worden wäre.

Die europäischen Staaten müßten mittelfristig imstande sein, sich gegeneinander zu verteidigen. Auch in meinem Modell wird Sicherheit immer noch durch die vorhandenen militärischen Einheiten hergestellt und durch die Anlehnung an die jeweilige Führungsmacht. Unterschiede, unterschiedliche Interessen, historische Erfahrungen und gewachsene Gesellschaftssysteme mit den ihnen eigenen Zwängen kann man nicht in ein paar Jahrzehnten aufheben und aus der Welt schaffen. Alle europäischen Staaten müßten also weiter defensiv gerüstete Armeen unterhalten.
Hinter dem emanzipatorischen Prozeß, den wir anstreben sollten, steht aber eine ganz bestimmte sicherheitspolitische Vorstellung. Diese Vorstellung läßt uns hoffen, die Bipolarität, das Freund-Feind-Denken, das die europäische politische Realität beherrscht, aufzuheben oder mindestens abzuschwächen. Auf diese Weise könnte sich die sicherheitspolitische Lage zwischen den kleinen und mittleren Mächten Europas verändern.
Gegenwärtig verharren wir im Freund-Feind-Schema. Auf der einen Seite sind die Freunde, denen muß man zustimmen und sie unterstützen. Auf der anderen Seite sind die Feinde, denen muß man mißtrauen und sich gegen ihre Ansichten mit militärischen Mitteln schützen.
Der Ansatz von Willy Brandts Entspannungspolitik bestand ja gerade darin, den Versuch zu wagen, dieses Denken und diese Schemata aufzubrechen, wenn man sie schon nicht gänzlich abschaffen kann. Diese Freund-Feind-Sicht in Europa ist sehr viel mehr als eine allgemeine Weltanschauung.

Solch eine Einstellung hat konkrete Folgen für das Zusammenleben miteinander.
Man muß sich, glaube ich, dafür entscheiden, aus möglichen Feinden denkbare Partner zu machen. Das bedeutet nicht, sich in politischen Mondscheinspaziergängen zu ergehen. Man muß natürlich stets daran denken, daß die Interessenlage des Partners von morgen eine andere ist als die eigene. Da helfen kein Wunschdenken und kein Kinderglaube an die prinzipielle Friedensliebe der Sowjetunion oder die grundsätzliche Bereitschaft der Warschauer-Pakt-Staaten, so schnell wie möglich in das westliche Bündnis überzulaufen. In den Ländern Osteuropas herrschen kommunistische Machteliten, die sehr wohl ihre eigenen Interessen kennen und diese auch zu verfolgen wissen. Und natürlich kann Verständigung zwischen Völkern nicht durch diplomatische Verständigung zwischen Regierungen ersetzt werden. Polen und Tschechoslowakei sind ja sehr gute Beispiele für diese Tatsache.
Nur: Es hat keinen Sinn, voller Einbildung auf die Überlegenheit des eigenen Gesellschaftssystems sich in Drohgebärden gegen die jeweils anderen zu erschöpfen. Wir schaffen keine friedlichere Welt, indem wir aus den Rechtsverletzungen der anderen eigene Lorbeeren herausdestillieren.
Es muß uns gelingen, aus Gegnern oder Feinden Partner oder Freunde zu machen. Der erste Schritt dazu ist die Garantie der bestehenden Grenzen. Der nächste Schritt ist die praktische politische Zusammenarbeit im Bewußtsein der Tatsache, daß die europäischen Staaten miteinander Interessenidentitäten haben, die schwerer wiegen als die Anbindung an die jeweilige Supermacht.
Die Verbesserung Mitteleuropas ruht auf zwei Säulen: Es gibt die Säule der Gespräche, der Verhandlungen, die Verdichtung des Netzes von Beziehungen auf allen Ebenen.

Die andere Säule ist die Fähigkeit beider Seiten, einen militärischen Angriff mit militärischen Mitteln abzuschrecken oder zu stoppen.
Man darf das Militär nicht zu schnell abbauen, um sich nicht Erpressungsmöglichkeiten der anderen Seite auszusetzen. Aber je stärker der Bereich der wirtschaftlichen, sozialen, kulturellen Beziehungen ausgebaut wird, desto weniger wichtig wird das militärische Potential.
Dann läßt sich eine Sicherheitspolitik organisieren, die nicht so einseitig wie bisher auf Waffen allein setzt. Je mehr nämlich beide Seiten den Interessenausgleich auf dem Verhandlungswege zu erreichen versuchen, desto eher ergibt sich die Chance, Waffen abzubauen.
Das hätte dann zur Folge, daß erhebliche ökonomische Ressourcen frei würden zur Bekämpfung des Hungers in der Dritten Welt, der neuen Armut bei uns und der alten Armut in den sozialistischen Ländern.
Die Entwicklung dieser Idee von Entspannungspolitik halte ich für die bedeutsamste Tat Willy Brandts und seiner Mitdenker. Durch die Verschlechterung der Beziehungen zwischen den beiden Supermächten ist die Entspannung zwar in Gefahr geraten, aber sie ist als Prinzip nicht außer Kraft gesetzt.

Die Kritiker der Entspannungspolitik wenden mit einem gewissen Recht ein, das höre sich alles ja sehr schön und menschenfreundlich an. Die Sowjetunion aber habe genau diese Politik des Westens benutzt, um ein noch höheres Niveau der Hochrüstung zu erreichen.

Was da Henne ist und was Ei, das ist noch keineswegs ausgemacht. Wer wirklich vor- und wer nach- und wer nach-nach-gerüstet hat, werden wir in historischer Genauigkeit

erst wissen, wenn alle Staatsarchive der Beteiligten öffentlich zugänglich sind. Also können wir diese Frage getrost außer acht lassen.
Diese Sandkastenspielerchen mit ihrem ewigen »Der da hat aber angefangen« bringen uns nicht weiter. Meine These lautet: Wir im Westen sind ökonomisch so entwickelt und sozial so stark, daß wir uns die militärische Defensive erlauben können.
Vor der Geschichte sind wir zu einer solchen Haltung auch moralisch verpflichtet.
Natürlich gibt es in der Bundesrepublik Ängste vor den Russen. Aber die anderen, die zweimal in diesem Jahrhundert mit uns ihre Erfahrungen gemacht haben, können ihre eigenen Ängste vor uns mindestens ebensogut, wenn nicht besser, begründen. Die zwanzig Millionen Toten, die der letzte Weltkrieg der Sowjetunion gekostet hat, werden dort in absehbarer Zeit nicht vergessen werden. Deswegen sind wir verpflichtet, uns nicht ins Bockshorn jagen zu lassen und immer wieder den ersten Schritt zur Verständigung zu tun.
Deswegen glaube ich, daß man mit den Perspektiven, die die Entspannungspolitik eröffnet, durchaus noch etwas erreichen kann. Man kann nämlich alte Feindschaften zu verringern und den europäischen Emanzipationsprozeß in Gang zu setzen versuchen. Denn eines ist doch wohl klar: Die gegenwärtige Lage in Europa, in der Ostkaninchen und Westkaninchen auf die Schlangen der jeweiligen Führungsmächte starren, in der wir uns den Machtinteressen der USA und die drüben sich den Machtinteressen der Sowjetunion völlig unterordnen, diese Situation ist gänzlich würdelos.
Der europäische Ist-Zustand wird auf diese Weise immer weiter aufrechterhalten bleiben. Beide Großmächte haben einen Hebel zur Disziplinierung ihrer kleineren Partner, den sie ansetzen können, wann immer sie wollen. Wenn sich die

Beziehungen der Großen zueinander verschlechtern, müssen sich die Kleinen mehr anlehnen und, wenn die Großen glauben, jetzt geht's wieder miteinander, dann dürfen auch die Kleinen ihre Beziehungen untereinander verbessern.
Die europäischen Staaten sind auf diese Weise an politische Entscheidungen aus Washington und Moskau angekettet, Entscheidungen, die sie nicht oder nur sehr wenig beeinflussen können.
Ich bin nicht sicher, ob das die Kategorien von Partnerschaft und Freundschaft sind oder eher jene, mit denen man ein Gefolgschaftsverhältnis beschreiben könnte.

Das heißt aber doch: Auf der anderen Seite der Medaille von der Emanzipation steht der Begriff Destabilisierung.

Destabilisierung schlechter Zustände ist doch nichts Schlimmes. Stabilisierung des jetzigen Zustandes heißt nämlich: Zementierung des Status quo, weiteres Drehen an der Rüstungsschraube, Teilung Deutschlands auf ewig. Diesen Zustand stabil zu halten, finde ich überhaupt nicht verlockend.
Destabilisierung ist die Voraussetzung, wenn man eine Entwicklung zuwege bringen will. Ein Politiker, der die bestehenden Verhältnisse nicht destabilisieren, also verändern will, der sollte sich sein Lehrgeld wiedergeben lassen.

Wenn man Destabilisierung sagt, meint man ja zunächst einmal die Destabilisierung bei den anderen. Freiheit und Demokratie für die ostmitteleuropäischen Länder ist eine damit verbundene Forderung. In einer Studie des Außenministeriums über die langfristigen Perspektiven der Ostpolitik heißt es: Wir müssen den Niedergang des sowjetischen Imperiums managen.

Enthält Ihr Konzept also nicht doch eine reale Bedrohung für die Sowjetunion?

Nein, eben nicht. Dieser kalkulierte Prozeß, mit dem die gegenwärtige Aufteilung Europas in Einflußzonen verändert werden soll, muß mit der Bereitschaft in Gang gesetzt werden, diese Veränderung auf beiden Seiten herbeizuführen.

Dann sind Sie also ein Gaullist?

Wenn man von dem ganzen Bereich der Force de Frappe einmal absieht, dann ist die außenpolitische Konzeption de Gaulles gar nicht so falsch. Der Ansatz, den er gewählt hat, nämlich die eigenständige Rolle und die eigenständigen Interessen der kleinen und mittleren Mächte Europas gegenüber der jeweiligen Führungsmacht klarzustellen und durchzusetzen, ist für mich sehr reizvoll. Wir reden nicht von atomarer Aufrüstung Frankreichs und wir reden nicht von der Innenpolitik des Gaullismus, die sehr viel mit der Idee von der formierten Gesellschaft zu tun hat. Aber für einen europäischen Außenpolitiker kann »Gaullist« kein Schimpfwort sein.
Der europäische Emanzipationsprozeß kann jedoch nur gelingen, wenn er auf beiden Seiten stattfindet – sonst ist ein solches Konzept wenig erfolgversprechend. Zu diesem Konzept allerdings sehe ich keine sinnvolle Alternative. Wie wollen wir denn Europa schaffen, wenn wir den Status quo bestehen lassen und uns vor der Veränderung fürchten?

Ihr Modell sieht demnach eine Konföderation der europäischen Staaten vor, die auch Polen, Ungarn, die Tschechoslowakei und die anderen Länder des westlichen Vorfelds der Sowjetunion einschließt. Diese Konföderation soll in der

Lage sein, sich selbst militärisch zu verteidigen, und zwar gegen die Ansprüche der beiden bisherigen Supermächte. Dies wiederum bedeutet: Ihre Konföderation muß auch nuklear gerüstet sein.

Das sehe ich überhaupt nicht so. Erstens gibt es heutzutage durchaus technische Möglichkeiten, die den Einsatz von atomaren Waffen, mindestens auf dem Gefechtsfeld, überflüssig erscheinen lassen. Dieser technische und strategische Entwicklungsprozeß ist zwar noch nicht abgeschlossen. Man sieht aber bereits deutlich: Rein defensive Bewaffnung und damit auch defensive Strategien sind möglich. Zweitens aber, und das ist viel wichtiger: Die Stärke eines Vereinigten Europas liegt nicht in den Waffen. Die Stärke Europas liegt in seinem technischen und wissenschaftlichen Know-how. Europa ist, nimmt man seine Kräfte nur in allem, dem Rest der Welt haushoch überlegen. Es ist überhaupt nicht einzusehen, warum irgendeine Macht der Welt versuchen sollte, ein defensiv organisiertes Europa anzugreifen und zu vernichten, anstatt sich dieses Know-how friedlich zunutze zu machen. Europa muß für den Rest der Welt jene Rolle spielen, die Hongkong jahrzehntelang erfolgreich für Rotchina gespielt hat – zum Nutzen für alle Beteiligten.

Einheit der Nation

Wie werden wir eigentlich den Gebetsmühlencharakter der Wiedervereinigungsdiskussion überwinden können? Die deutsche Frage, die Frage der Wiedervereinigung, ist zum Thema von Sonntagsreden und Stammtischgesprächen verkommen. Die Bundesregierung aber, die sonntags die deutsche Einheit beschwört, weiß werktags sehr genau, daß man sie mit der Politik, die sie gerade macht, nicht erreichen kann. In den Hirnen dieser Leute ist die Wiedervereinigung etwas, das man zwar beschwören, aber politisch nicht ernst nehmen darf.

Demgegenüber bin ich der Meinung, daß die Einheit der Nation nicht für alle Zeiten verloren, der Weg dorthin nicht für alle Zeiten verbaut ist.

Ein Tor allerdings ist derjenige, der glaubt, Wiedervereinigung könne bedeuten, daß die DDR in der Bundesrepublik in irgendeiner Form aufgeht. Das ist es nämlich, was die Konservativen meinen, wenn sie vom Offenhalten der deutschen Fragen sprechen: Das Aufgehen der DDR in der Bundesrepublik. Das ist Unsinn, das werden wir nicht erreichen, und wenn wir davon reden, dann stiften wir damit nichts als Unfrieden.

Aber die Perspektiven der Vereinigung der beiden deutschen Staaten, die sollten wir nicht aufgeben. Ich kann mir

unter diesem Begriff der Einheit sehr viel stärker kulturelle Einheit vorstellen als territoriale und staatliche Einheit. Nur in einer solchen Konzeption läßt sich die deutsche Frage einigermaßen realistisch diskutieren.
Damit hängt aber auch noch ein zweiter Komplex zusammen: Es ist eine unwürdige Angelegenheit für die Deutschen in der Bundesrepublik und in der DDR, daß es vierzig Jahre nach dem Ende des Krieges immer noch keinen Friedensvertrag gibt. Das ist ja nicht einfach irgendeine ganz bedeutungslose Formalie. Damit verbunden ist eine erhebliche Einschränkung der deutschen Souveränität.
Deswegen glaube ich, daß es an der Zeit ist, die Diskussion um die Notwendigkeit eines Friedensvertrages zu eröffnen. Diesen Vertrag müßten die vier Alliierten miteinander aushandeln, und an diesen Verhandlungen wären beide deutsche Staaten zu beteiligen.

Sie sind sich doch darüber im klaren, was Sie da für eine Pandora-Büchse aufmachen, nicht wahr?

Ich bin mir darüber klar, daß das eine Pandora-Büchse sein könnte. Aber der Zustand, so wie er jetzt herrscht, mit all den Einschränkungen von Politik und Politikmöglichkeiten, ist nichts, was ich gerne meinen Kindern hinterlassen möchte. Wie lange soll denn das noch dauern?
Wann ist denn der richtige Zeitpunkt, um nach dem Krieg über einen Frieden zu verhandeln? Nach zehn Jahren, nach vierzig, nach fünfzig oder erst nach hundert Jahren? Da kann es keine Regel geben. Also muß man unbefangen darangehen, dieses Problem zu klären. Man muß den Siegern des Zweiten Weltkrieges sagen: Es haben sich Fakten entwickelt in Europa und in Deutschland seit dem Krieg, die man nicht mehr übersehen oder gar unter den Teppich keh-

ren kann. Da ist jetzt eine neue Generation, die die politische Führung macht – und gerne macht –, und mit diesen Leuten müßt ihr nun mal langsam darüber verhandeln, wie die Einschränkungen der deutschen Souveränität überwunden werden können. Es kann doch wohl kein Dauerzustand sein, daß wir vierzig Jahre nach Kriegsende faktisch – jedenfalls in einigen wichtigen Bereichen – immer noch die Rolle eines besetzten Landes spielen. Diese Debatte aus Angst vor möglichen Folgen zu scheuen, wäre Tabuisierung von politischem Denken.

Die Rechtsexperten sagen: Es gibt zwar vielleicht keinen Friedensvertrag, wie am Ende früherer Kriege Friedensverträge geschlossen wurden. Die internationalen Abmachungen beider deutscher Staaten und die Verträge zwischen diesen beiden Staaten zusammengenommen aber ergeben das Äquivalent eines Friedensvertrages.

Wenn es so wäre – um so besser. Dann könnte man einen solchen Vertrag ja auch formal abschließen. Vielleicht aber gibt es doch Probleme. Vielleicht sind eine Reihe von Beteiligten, auch die ehemaligen Alliierten, gar nicht so uninteressiert an der Rolle der Bundesrepublik und der DDR als Staaten minderen Rechts.
Ich bin auch nicht so dumm zu glauben, wir könnten in eine solche Debatte eintreten, ohne zuvor glasklar zu machen, daß die bisher von den beiden deutschen Staaten geschlossenen Verträge, einschließlich der Bindungen an Nato und Warschauer Pakt, von dieser Diskussion und dem Abschluß eines Friedensvertrages auf keinen Fall berührt werden dürfen. Das ist vernünftig und richtig, ebenso wie die Notwendigkeit, auch die Abmachungen zwischen den beiden deutschen Staaten davon unberührt zu lassen. Gleichwohl wäre

eine solche Diskussion ein gewichtiger Schritt in dem Emanzipationsprozeß der beiden deutschen Staaten und der West- und Osteuropäer gegenüber ihren Supermächten. Die Blockademöglichkeiten, die sich aus der Abwesenheit eines Friedensvertrages ergeben, die würde ich gerne überwunden sehen.

Gibt es außer dem Abgeordneten Schröder noch jemanden, der dafür ist, die Diskussion um einen Friedensvertrag zu eröffnen?

Ich weiß nicht, ob es da noch andere Leute gibt, die meiner Meinung sind. Ich kenne jedenfalls keine.

Das ist also Ihre persönliche Überzeugung, die mit der Meinung der SPD in dieser Frage nichts zu tun hat?

Das ist wohl richtig. Ich sage aber noch einmal: Die Einzelheiten einer solchen Lösung, insbesondere in bezug auf Berlin, müßten ganz genau abgeklopft werden. Am Ende des Diskussionsprozesses kann durchaus die Erkenntnis stehen, es habe keinen Sinn, an der Konzeption weiter zu arbeiten. Diese Gefahr will ich gar nicht bestreiten.
Was mich aber ärgert, ist die Tatsache, daß jedes Nachdenken über eine Veränderung der politischen Situation in Europa wegen möglicherweise damit verbundener Gefahren von vorneherein abgeschnitten sein soll.

Nehmen wir einmal an, eine solche Diskussion würde von Ihnen begonnen. Daraus würde doch blitzschnell eine Auseinandersetzung über die Treue der SPD zur Nato und zum Westen.

Ja natürlich, diejenigen, die...

Schröder ist also ein Neutralist!

... uns bekämpfen wollen, würden selbstverständlich versuchen, mich als Neutralist abzustempeln. Aber ich bin weit davon entfernt, an deutsche Neutralität als Chance zu glauben. Neutralität der Deutschen kann es nicht geben. Nicht weil ich Angst hätte, daß dann die Russen kommen. Nein, Neutralität der Deutschen, das heißt: Deutschland hätte eine Sonderrolle in Europa. Dies aber hat nicht die Spur einer Möglichkeit der Verwirklichung. So etwas fände weder im Osten noch im Westen irgendwelche Befürworter. Die Völker Europas haben nämlich von deutschen Sonderrollen die Schnauze voll.
Emanzipation der Deutschen funktioniert nur als Teil eines gesamteuropäischen Emanzipationsprozesses. Darin liegt der Denkfehler all jener, die von Neutralität reden. Sie beziehen die historischen Erfahrungen, die Europa mit uns gemacht hat, nicht ein und überschätzen völlig den Spielraum, den deutsche Politik in irgendeiner absehbaren Zukunft wieder bekommen könnte. Das wird nicht funktionieren, solange noch irgend jemand lebt, der etwas über die zwei Weltkriege dieses Jahrhunderts weiß.

Aber gerade wollten Sie doch noch die Souveränitätsmängel überwinden?

Souveränität und Neutralität haben nichts miteinander zu tun. Der Abschluß eines Friedensvertrages würde uns lediglich auf jenen Stand bringen, den die anderen Völker Europas auch haben. Europa muß seine eigene Rolle selbständiger definieren.

Unter Beibehaltung der deutschen Teilung?

Unter Beibehaltung der staatlichen deutschen Teilung. Was sich daraus entwickeln wird, kann man heute – glaube ich – gar nicht einschätzen.
Ob es jemals wieder einen deutschen Einheitsstaat geben wird, ist eine futurologische Frage, mit der man sich nicht sonderlich zu beschäftigen braucht. Worum es mir geht, ist die kulturelle Einheit, die Einheit der Sprache, der Kunst. Auf diesen Gebieten gibt es ja viele auseinanderstrebende Tendenzen. Diese Einheit will ich bewahren, und ein solches Ziel setzt die Erkenntnis voraus, daß staatliche Trennung die Bedingung für kulturelle Einheit darstellt, jedenfalls auf absehbare Zeit.

Welche Tendenzen der Auseinanderentwicklung sehen Sie und was läßt sich dagegen tun?

Diese Tendenzen sind unverkennbar in der Sprache und der Literatur, obwohl immer wieder mutige Leute auf beiden Seiten – ich denke da an Günter Grass und Stephan Hermlin – versuchen, den Vorgang der Auseinanderentwicklung zu hemmen oder abzubrechen.
Auch das Lebensgefühl der Bürger der beiden Staaten unterscheidet sich deutlich voneinander. Es haben sich unterschiedliche Formen von Zusammenleben und Miteinanderumgehen entwickelt – kein Wunder bei so verschiedenen Gesellschaftssystemen. Wenn man dagegen den Gedanken der kulturellen Einheit mobilisieren will, dann muß es zu mehr Begegnungen kommen. Die ›Kulturschaffenden‹, wie die DDR das nennt, müssen sich treffen und über die deutsche Sprache reden.
Mehr ›normale‹ Menschen als bisher müssen sich treffen, um sich in dieser gemeinsamen Sprache miteinander zu un-

terhalten. Museen, Theater, Universitäten müssen sich noch viel mehr als bisher austauschen, müssen ihre Schätze vor den Bürgern des jeweils anderen Staates ausbreiten dürfen. Es müssen aber auch historische Verzerrungen korrigiert werden. Es darf doch nicht sein, daß die Gründungsurkunde einer altehrwürdigen Universität in der DDR in einem bundesdeutschen Archiv bleibt, bloß weil das Papier zufällig bei Kriegsende im Westen ausgelagert war.
Die Frage, die sich stellt, lautet: Unter welchen Bedingungen ist es möglich, diese Art von Einheit zu bewahren? Die Antwort lautet: Für eine nicht definierbare Zeitspanne müssen die beiden Deutschlands staatlich geteilt bleiben, wenn sie kulturell eins sein wollen.
Deswegen ist die ganze Diskussion um die Elbgrenze, die Erfassungsstelle in Salzgitter und die Anerkennung der DDR-Staatsbürgerschaft völlig sinnlos. Wir wissen, was wir politisch können, und wir wissen, daß die andere Seite das auch weiß. Warum soll man sich also gegenseitig etwas vormachen?
Der Artikel 116 des Grundgesetzes ist schließlich nicht so einfach aus der Welt zu schaffen. Er regelt die einheitliche deutsche Staatsbürgerschaft. Dies betrifft – von uns aus gesehen – aber nicht nur die Bürger der DDR, sondern auch alle anderen Menschen, die Anrecht auf die deutsche Staatsbürgerschaft anmelden könnten.
Außerdem bedeutet eine Diskussion über den Artikel 116 automatisch auch eine Diskussion über die alliierten Rechte in Deutschland und vor allem über den Status von Berlin.
Und alle diese Fragen lassen sich eben wirklich nur im Zusammenhang mit einem Friedensvertrag lösen. Die Respektierung der DDR-Staatsbürgerschaft durch die Bundesrepublik aber ist notwendig.
Was man nicht lösen kann im Verhältnis der beiden deut-

schen Staaten, weil es auf der einen oder anderen Seite unüberwindliche Hindernisse gibt, das soll man ungelöst lassen. Aber die beiden anderen Fragen, die da zu Existenzproblemen hochstilisiert werden... Also, die Erfassungsstelle in Salzgitter, die kann man wirklich ohne Verlust für irgendwen auflösen. Das wäre ein Stück Respekt vor der Staatsbürgerschaft der DDR.
Wenn bei der Markierung der Elbgrenze in der Strommitte verbesserte Verkehrsverhältnisse herauskommen, warum nicht? Als Gegenleistung sollte die DDR dann über Umweltschutz mit sich reden lassen, über die Entgiftung der Elbe und die Entsalzung der Werra. Es geht doch nicht darum, ein hehres Prinzip hochzuhalten, sondern durch Leistung und Gegenleistung konkrete Schwierigkeiten zu überwinden.

Wenn man DDR-Bürger und Bundesbürger im Gespräch beobachtet und sie nach ihrer Meinung übereinander befragt, erfährt man, daß das Bild, das Deutsche in Ost und West voneinander haben, von Vorurteilen stark belastet ist. Die DDR-Bürger halten uns für zu hektisch, zu oberflächlich, zu desinteressiert an sozialen Beziehungen. Die Bundesbürger schätzen die Landsleute von drüben häufig als beschränkt und provinziell ein. Es scheint ein Gefälle an Lebensqualität in beiden Richtungen zu geben. Wenn das so ist, läßt sich die Trennung im Lebensgefühl wirklich nur aufheben, indem mehr ›normale‹ Menschen einander begegnen und nicht nur hochmögende Kulturschaffende.
Zur Zeit aber begegnen sich Bundesbürger und DDR-Bürger auf zweierlei Weise. Entweder der Bundesbürger reist in die DDR oder er trifft hier bei sich zu Hause einen Rentner von drüben. Beides sind Ausnahmesituationen. Normales Begegnen, so lautet die These, ist nur möglich, wenn die DDR ihre Grenzen aufmacht. Das wird sie aber nur tun, wenn sicherge-

stellt ist, daß ihr die Staatsbürger nicht mehr ausrücken. Beim herrschenden Wohlstands- und Freiheitsgefälle zwischen den beiden deutschen Staaten werden die DDR-Bürger aber in großer Zahl ihr Land verlassen, wenn sie, einmal im Westen, jederzeit einen bundesdeutschen Paß bekommen können. Ist also nicht die Anerkennung der DDR-Staatsbürgerschaft durch die Bundesrepublik die wichtigste Voraussetzung dafür, daß die kulturelle Einheit durch Kontakte zwischen den Bürgern beider Staaten ermöglicht wird?

Im Prinzip ja. Wenn man das, was ich eben ausführte, konsequent durchhalten wollte – die kulturelle Einheit auf der Basis der Akzeptanz staatlicher Trennung ohne Wenn und Aber –, müßten wir auch die DDR-Staatsbürgerschaft anerkennen. In dieser Frage stecken wir aber nicht etwa aus politischen Erwägungen in der Sackgasse, sondern weil wir die damit verbundenen Fragen nicht allein und souverän entscheiden können. Das gilt übrigens auch für die Führung der DDR. Beide Seiten können aber deutlich machen, daß man Staatlichkeit und territoriale Integrität des anderen respektiert.

Haben Sie in der deutsch-deutschen Politik, bei dem Versuch, die kulturelle Spaltung aufzuhalten, bei den vielen kleinen Schritten zu vielen kleinen Veränderungen, die Sie sich vorstellen, nicht manchmal das Gefühl, Sie versuchten einen Ozeandampfer mit Hilfe von Luftschlangen am Ablegen zu hindern?

Natürlich, immer dann, wenn wirklich nur Luftschlangen eingesetzt werden. Der Grundlagenvertrag allerdings war weit mehr als eine Luftschlange. Mit seiner Hilfe erst konnte ein Geflecht von Beziehungen geschaffen werden, das heute auch eine konservative Regierung für die Deutschlandpolitik nutzt. Das ist übrigens ein sehr interessanter Aspekt der gegenwärtigen deutschlandpolitischen Debatte in der Bundesrepublik, daß die Konservativen so tun, als hätten ausgerechnet sie jene Ostpolitik erfunden, die sie noch vor zehn Jahren bis aufs Messer bekämpft haben. Der Grundlagenvertrag war mehr als eine Luftschlange, und da es ihn gibt, ist jeder weitere kleine Schritt eine zusätzliche Halterung für den ablegenden Ozeanriesen der deutschen Trennung. Durch diesen Vertrag ist jedenfalls Auseinanderentwicklung in einem Maße verhindert worden, wie es ohne ihn nie möglich gewesen wäre.

Ist die Entwicklung voneinander weg verhindert oder nur abgebremst worden?

Ein bißchen gebremst, ein bißchen verhindert, wer will das auf die Goldwaage legen. Die Geschichte des Grundlagenvertrages ist vor allem eine wichtige Bestätigung für die These, daß ohne den Respekt vor der Staatlichkeit der DDR keinerlei vernünftige Beziehungen auf irgendwelchen Gebieten zwischen den beiden deutschen Staaten entwickelt werden können. Das müssen wir daher konsequent durchhalten wollen. Und konsequent wäre es vielleicht, wenn es nicht nur zwei deutsche Staaten gäbe, sondern – von beiden Seiten akzeptiert – auch zwei deutsche Staatsbürgerschaften. Aber neben den juristischen habe ich hier auch ein paar emotionale Bedenken. Ich scheue mich davor, das letzte juristische Band, das die beiden Deutschlands verbindet, auch von uns aus zu zerreißen, in der vagen Hoffnung, mehr dafür zu bekommen. Solche emotionalen Hindernisse sind eben auch ein Stück Politik. Deshalb müßten die Politiker auf beiden Seiten den Bürgern klarmachen, was denn als reale und gesicherte kulturelle Einheit an die Stelle des rechtlichen Bandes treten könnte.

Politik wird, so lernen wir es schon in der Schule (hoffentlich jedenfalls), nicht gemacht mit schönen Wünschen und schönen Empfindungen. Politik wird gemacht auf der Basis von Interessengegensätzen und Interessenidentitäten. Wo sehen Sie die Übereinstimmung in den Interessen der DDR und der Bundesrepublik?

Solche Übereinstimmungen ergeben sich ganz eindeutig aus der geopolitischen Situation, aus der Tatsache, daß Deutschland da liegt, wo es liegt, nämlich im Herzen Mitteleuropas, geografisch etwa gleich weit von Moskau und Lissabon, von Italien und Norwegen entfernt.

Aber darüber hinaus: Sowohl die DDR als auch wir sind daran interessiert, daß der Wald nicht stirbt. Die beiden Staaten haben einen langen gemeinsamen Grenzfluß, und beide sind daran interessiert, den sauberzukriegen. Alles, was wir hier industriepolitisch unternehmen, betrifft die ökologische Situation der DDR und umgekehrt.

Ein anderer Bereich ist die Wirtschaft, wo sich viele Beziehungen schon entwickelt haben und viele sich weiterentwikkeln werden. Im wirtschaftlichen Bereich gibt es eine Unmenge an gemeinsamen Interessen, die auch leichter in Übereinstimmung zu bringen sind als mit anderen Ländern, weil man sich in einer gemeinsamen Sprache auf gemeinsame Tradition berufen kann.

Der dritte und wichtigste Bereich ist der der Sicherheitspolitik. Die DDR hat genau dasselbe Interesse wie wir an der Schaffung einer Zone in Europa, die frei ist von Atomwaffen und chemischen Waffen. Die SED versteht sich doch nicht umsonst dazu, gemeinsam mit den Sozialdemokraten einen Vertragsentwurf über die Schaffung einer chemiewaffenfreien Zone vorzulegen.

Glauben Sie doch nicht, der DDR-Führung wäre damit ge-

dient, daß auf deutschem Boden ein Potential von Offensivwaffen beider Blöcke stationiert ist, das größer ist als irgendwo sonst in der Welt. Die Bewohner eines denkbaren Schlachtfeldes haben das größte denkbare gemeinsame Interesse daran, zu verhindern, daß es zur Schlacht kommt, weil von ihnen selbst am allerwenigsten etwas übrig bleiben würde.
Nein, an Interessenidentitäten mangelt es wirklich nicht. Eher schon gibt es eine mangelnde Bereitschaft, diese Interessen gegenüber der jeweiligen Führungsmacht auch durchzusetzen. Daß die DDR da gebundener, noch gebundener ist als wir, mag ich gar nicht bestreiten. Aber dennoch, wenn Sie genau hinsehen: So wenig mutig ist deren Politik eigentlich gar nicht. In der Phase der schlimmsten Vereisung der Ost-West-Beziehungen haben die genauso durchgehalten wie wir, obwohl sie es, weiß Gott, schwerer hatten als wir.

Bei der Beurteilung der Politik der Bundesregierung und der Regierung der Deutschen Demokratischen Republik, haben Sie da eigentlich nicht manchmal Werteprobleme? Bautzen oder Cottbus, ich meine die dortigen Zuchthäuser, sind doch wirklich keine erfreulichen Orte.

Sicher gibt es da Werteprobleme, sicher, natürlich. Und sicher sind die Zuchthäuser keine erfreulichen Orte. Aber auch bei uns gibt es unerfreuliche Orte und unerfreuliche Tendenzen.
Natürlich kann ich das gesellschaftliche und politische System der DDR nicht gut finden. Es fordert nämlich Konformität und setzt seine Machtmittel ein, um diese Konformität auch durchzusetzen. Sein Prinzip ist Kontrolle und nicht Vertrauen, und es ist einer der großen Irrtümer von Lenin,

daß Kontrolle besser sei als Vertrauen. Kontrolle hindert uns nämlich, mit dem Pfund der Kreativität zu wuchern, einem der größten Aktiva in der europäischen Bilanz.
Die Ablehnung dieses gesellschaftlichen Systems darf mich aber nicht dazu verführen, auf jenes Maß an Gemeinsamkeit zu verzichten, das bei Bewahrung der Ablehnung objektiv nötig und möglich ist.
Ablehnung des Systems und Herstellung von Beziehungen widersprechen sich nicht, sondern sie bedingen einander aus zweierlei Gründen. Erstens: Nur wenn unser eigener demokratischer Standpunkt gefestigt genug ist, können wir es wagen, uns auf ein politisches Wechselspiel mit den sozialistischen Staaten einzulassen. Zweitens: Dieses Wechselspiel ist auch nur möglich, wenn keine der beiden Seiten Angst haben muß, die anderen wollten in das eigene Gesellschaftssystem hineinregieren. Wenn diese Angst bei den Führungseliten existiert, werden sie die Entstehung von Gemeinsamkeiten und kulturellen Verflechtungen verhindern.

Zurück zur sicherheitspolitischen Interessenidentität. Unter Führung eines sozialdemokratischen Bundeskanzlers ist der Nachrüstungsbeschluß entwickelt worden. Als dieser Beschluß durchgeführt wurde, hat das dazu geführt, daß auch auf dem Boden der DDR – deutlich gegen deren Interessen – neue Raketen stationiert worden sind. In der DDR-Friedensbewegung, aber nicht nur dort, hat das zu dem Gefühl geführt: Die Bundesrepublik hat mit diesem Nachrüstungsbeschluß ihre eigenen sicherheitspolitischen Interessen durchgepaukt, und zwar ohne auch nur einen Gedanken an unsere Interessen zu verschwenden.

Ich halte den Nachrüstungsbeschluß aus vielen Gründen für einen Fehler. Die historische Wahrheit gebietet aber wohl festzustellen, daß Schmidt sich diesen Beschluß anders gedacht hat, als in der Realität dann Politik gemacht wurde.

Ein Politiker muß sich aber zu seinen politischen Vaterschaften bekennen.

Ja gut, ich will auch gar nichts beschönigen. Das bleibt seine Verantwortung, klar. Aber Schmidt ist doch nicht der Falke, den man in der Auseinandersetzung um die Nachrüstung aus ihm gemacht hat. Der wollte doch nicht mit aller Gewalt Pershings hierher bringen. In Wirklichkeit hat er doch versucht, in die laufenden Verhandlungen der Supermächte die Interessen der Westeuropäer einzubringen.
Er wollte das Instrument des Nachrüstungsbeschlusses dazu benutzen, um die Amerikaner zu zwingen, das Problem der Mittelstreckenraketen zu verhandeln; und er wollte die Russen zwingen, auf diese Verhandlungen auch einzugehen.
Dieses Instrument war für den angestrebten Zweck ungeeignet, weil die Reagan-Regierung im Laufe der Verhandlungen gemerkt hat, wie gut der Nachrüstungsbeschluß sich dazu eignet, Emanzipationsbestrebungen in Westeuropa, vor allem aber in der Bundesrepublik, zu unterdrücken. Das heißt: Sie haben eine politische Idee, die Abrüstung herbeiführen wollte, umgedreht und haben ein Instrument zur Herbeiführung von Aufrüstung daraus gemacht. Sie wollten zwei Fliegen mit einer Klappe schlagen. Sie wollten die eigene Ausgangslage gegenüber der Sowjetunion verbessern, und sie wollten den Handlungsspielraum westeuropäischer und westdeutscher Politik gegenüber Washington einengen. Beides ist gelungen. In dieser Phase waren die Interessen Westeuropas und die Interessen der Bundesrepublik gegenüber den Amerikanern nicht durchsetzbar – auch aus Mangel an Koordination.

Das bedeutet, daß der emanzipatorische Spielraum westeuropäischer Politiker, sieht man einmal von den Franzosen ab, offenkundig sehr gering ist. Und das trotz der so viel größeren Freiheit, die das westliche Bündnis seinen Mitgliedern garantiert.

Wir sind schon wieder beim Friedensvertrag. Deutsche Souveränität könnte man einbringen in ein Vereinigtes Europa. Dazu müßte man diese Souveränität aber erst einmal haben. Das ist eine der Lehren, die wir aus der Nachrüstungsdebatte ziehen müssen. Richtig ist auch, daß dieser Nachrüstungsbeschluß Folgen hatte, die den Interessen der DDR zuwiderlaufen; Interessen, die nicht mit den sowjetischen Interessen identisch sind. Die DDR hat die Stationierung neuer Mittelstreckenraketen auf ihrem Territorium hinnehmen müssen, obwohl Honecker gerade dies mit allen Mitteln verhindern wollte. Das gleiche betrifft die CSSR und andere ostmitteleuropäische Staaten. Hier zeigt sich am praktischen Beispiel, wie gefährlich es ist, wenn wir Europäer uns an amerikanische oder sowjetische Interessen anbinden, was, um es noch einmal zu sagen, Helmut Schmidt nicht vorhatte.
Zu große Ehrerbietigkeit gegenüber den Supermächten hat verhängnisvolle Folgen in den Beziehungen zwischen den kleinen und mittleren Mächten der beiden Blöcke. So einfach sollten wir es unseren Führungsmächten nicht machen, uns innerhalb der Blöcke zu disziplinieren.

Schröder und die Friedensbewegung

Was halten Sie von der Friedensbewegung?

Viel. Die Entspannungspolitik, deren Ziel darin bestand, durch immer mehr Verhandlungen zwischen den Blöcken immer weniger Drohung mit militärischer Macht zu ermöglichen, ist nicht nur gebremst worden, weil sich die Beziehungen zwischen den USA und der Sowjetunion verhärtet haben. Sie ist auch gebremst worden, weil der gesellschaftliche Druck in Richtung auf Entspannung nachgelassen hatte. Brandts Ostpolitik war deshalb hier bei uns so populär, weil so viele Leute ihre Friedenssehnsüchte und Hoffnung darin aufgehen sahen. Sie waren auch bereit, sich dafür zu engagieren, notfalls sogar auf der Straße. Der ganze »Willy wählen«-Wahlkampf von 1972 ist dadurch bestimmt worden. Mein Eindruck ist, daß die Entspannungspolitik an Kraft verlor, weil in der Phase nach der gewonnenen Bundestagswahl allzu viele geglaubt haben: Nun sind wir auf dem richtigen Weg, wir haben die Entspannungspolitik als Prinzip durchgesetzt, nun sollen die Bürokraten im Auswärtigen Amt das mal in die Praxis umsetzen. Diese Bürokratisierung einer weithin akzeptierten Politik hat sehr viel Schubkraft gekostet.
Die Friedensbewegung sehe ich als eine Entwicklung in die

genau entgegengesetzte Richtung. Die Gesellschaft ist aufgewacht und hat gesehen, daß das, was alle, oder doch die meisten, wollen, nämlich Partnerschaft statt Gegnerschaft, den Bürokraten nicht alleine überlassen bleiben darf. Wir müssen den Bürokraten das Gefühl geben, daß ihre Arbeit von einer allgemeinen Woge der Zustimmung vorangetrieben wird, und wenn die dann trotzdem nicht funktionieren, muß man notfalls auch auf der Straße Druck machen.
Mein Politikbegriff ist auch nicht ausschließlich auf Institutionen bezogen. Ich sitze zwar im Parlament und in den Ausschüssen, aber diese Arbeit allein kann unmöglich alles sein, was von dem Wort Politik beschrieben wird. Demokratische Politik kann nicht heißen, daß man einmal alle paar Jahre zur Wahl geht und sich anschließend seinen eigenen privaten Angelegenheiten widmet. Politik in einer Demokratie muß auch Massenbewegung einschließen.
Selbst wenn die politischen Forderungen, die von solchen Bewegungen erhoben werden, manchmal undurchführbar, manchmal geradezu wahnwitzig, manchmal bloß chaotisch erscheinen – das müssen wir ertragen und durch Berufspolitik zu kanalisieren versuchen. Aber wir dürfen niemals in den Fehler verfallen, zu glauben, daß nur professionelle Politik gute Politik sei.

Bisher hat es die SPD nicht verstanden, den Schub der Friedensbewegung für sich nutzbar zu machen, die Unzufriedenheit mit dem konservativen Regime der Bundesrepublik in ein Stimmungshoch für die Sozialdemokraten umzumünzen. Woran liegt das?

Nach der Niederlage der Friedensbewegung in der Frage der Stationierung der Mittelstreckenraketen hat sich ihre Stärke verringert. Die Bereitschaft, auf die Straße zu gehen,

ist deutlich gesunken. Das ist auch kein Wunder. Denn diese Form von Politik stößt rasch an ihre Grenzen. Man kann zwei oder sogar drei Demonstrationen mit 500000 Menschen veranstalten. Bei der vierten kommen ein Drittel der Anhänger nicht mehr, und bei der fünften bleiben 75 Prozent weg.
Die Friedensbewegung mußte also eine neue Beziehung zu jenen großen gesellschaftlichen Organisationen finden, die überhaupt für ihre Ziele offen sind. Da steht die SPD an vorderster Stelle.
Der Prozeß der Angleichung von Friedensbewegung und deutscher Sozialdemokratie ist in vollem Gange, und niemand soll sagen, daß nicht bereits beachtliche Fortschritte erzielt worden sind. Intellektuell und organisatorisch lehnen sich große Teile der Friedensbewegung wieder an die SPD an. Man muß nicht den Wunsch hegen und schon gar nicht die Forderung erheben, daß alle, die in der Friedensbewegung aktiv sind, nun zu Mitgliedern der SPD werden. Große Organisationen müssen nicht alles integrieren wollen, was in der Gesellschaft lebt.
Aber daß SPD und Friedensbewegung sich nähergekommen sind, steht außer Zweifel. Diesen Prozeß kann man verstärken. Daraus dürfen und sollen auch im Einzelfall organisatorische Bindungen entstehen. Die SPD hat aber ein eigenständiges Interesse daran, die Friedensbewegung nicht zu vereinnahmen, sondern ihren Charakter als Bewegung bestehen zu lassen. Respekt vor Forderungen, die über die Grenzen sozialdemokratischer Politik hinausgehen, und auch Distanz zu solchen Forderungen sind nur auf diesem Wege möglich.

Berlin, Niedersachsen und anderswo

Die Friedensbewegung hatte und hat eines ihrer wichtigsten Zentren in Berlin. Dennoch hat die SPD gerade dort die letzte Wahl mit Pauken und Trompeten verloren.

Das hat mit der Friedensbewegung nichts zu tun, höchstens insofern, als der Prozeß der Wiederannäherung zwischen ihr und der SPD zum Zeitpunkt der Berliner Wahl höchst zögernd begonnen und die Stadt Berlin mit Sicherheit noch nicht erreicht hatte. Dort hatte sich das politische Potential der Friedensbewegung mehr den Alternativen angeschlossen.

Die Wahlniederlage in Berlin hat darüber hinaus strukturelle Ursachen, die mit dem damaligen Zustand der Partei und natürlich auch mit der unglaublich geschickten Aufschwungkampagne zugunsten der CDU in der Stadt zusammenhingen.

Der dritte Aspekt der Berliner Wahlen ist ein ganz einfacher: Die hat nicht Eberhard Diepgen, die hat Heinrich Lummer gewonnen. Der hat mit einer unglaublichen Brutalität den Kudamm leergefegt von all dem, was Berliner Klein- und Spießbürgern nicht paßte. Auf diesem Boden ist eine Zustimmung zu Ordnungsvorstellungen gewachsen, deren Realisierung man vorher vermißt hatte. Das ist ja auch eine

Tragik bei uns. Der relativ liberale Umgang der SPD mit den Hausbesetzern hat bei uns dazu geführt, daß Stammwähler zu Hause geblieben sind, ohne daß wir neue Wähler aus den alternativen Schichten hätten überzeugen können. Ein Schlagetot wie Lummer hat es da natürlich wesentlich leichter.
Gewisse Gruppen innerhalb der Stammwählerschaft der SPD sind gegenüber solchen rigiden Politikervorstellungen jedenfalls wesentlich aufgeschlossener, als mir lieb sein könnte.

Angesichts dieser Analyse müßte man zu dem Schluß kommen, daß Berlin für die Sozialdemokratie auf einige Jahrzehnte hinaus verloren ist.

Das glaub' ich nun auch wieder nicht. Die Chancen für einen politischen Wechsel ergeben sich heutzutage nämlich viel häufiger als in den letzten zwanzig, dreißig Jahren. Das hängt mit der gewachsenen Mobilität der Wähler zusammen, mit ihren erhöhten Informationsmöglichkeiten.
Das hängt auch mit so etwas Lächerlichem zusammen, daß die Wähler Gesichter überkriegen, die zu oft im Fernsehen erscheinen. Kohl ist ein gutes Beispiel dafür.
Wenn die SPD es schafft, sich inhaltlich und personell zu regenerieren und sich dieser Vorgang nicht nur auf einen wirklich guten und interessanten Berliner Vorsitzenden beschränkt, dann kriegt sie ihre Chance schneller als in ein paar Jahrzehnten. Wie lange das dauert, das kann man nicht voraussagen, so wenig wie man voraussagen kann, ob wir unsere Chance in Niedersachsen schon 1986 bekommen. Wir haben die Chance, aber vor der dritten oder vierten Hochrechnung ist da nichts sicher.

Die für Berlin beschworene Mobilität der Wähler benötigt Schröder dringend, wenn er denn die Wahlen in Niedersachsen gewinnen will. Dort müssen schließlich 14 Prozent aufgeholt werden. Den Herausforderer lassen solche Überlegungen kalt. Er wartet mit seinen eigenen Interpretationen der Zahlen auf.

Man muß sich immer wieder klarmachen, wie das Wahlergebnis 1982 in Niedersachsen zustande gekommen ist, vor welchem gesellschaftspolitischen Hintergrund. Da will ich mal die kühne Behauptung wagen, daß dieses Ergebnis von damals (sowohl bei uns als auch bei der CDU) etwas zu tun hatte mit dem damaligen Zustand der sozialliberalen Koalition in ihrer Endphase. Als bei uns Landtagswahlen abgehalten wurden, waren die Koalitionsquerelen in vollem Gange. Die SPD lag in den Umfragen bundesweit zwischen 30 und 35 Prozent, und das war noch geprahlt. So was hat Auswirkungen auf die Ergebnisse von Landtagswahlen, da soll man nicht drumherum reden. Unter normalen Bedingungen allerdings glaube ich, daß die beiden großen Parteien in Niedersachsen näher beieinander liegen. Nicht so nah, wie ich's gerne hätte, natürlich. Ich muß viel aufholen, aber ich kann ja auch viel aufholen.

Wenn aber die F.D.P., die sich ja für eine Koalition mit der CDU ausgesprochen hat, bei den Wahlen kräftig aufholt, ist für die SPD kaum noch etwas drin.

Auch so ein Scheinargument. Mindestens muß diese Vorstellung nicht unbedingt etwas mit der Realität zu tun haben. Die F.D.P. ist in Hannover im Landtag mit knapp sechs Prozent. Diese Wähler hat sie in der Endphase der Bonner sozialliberalen Koalition bekommen, also bevor sie den Wechsel als realistische, nicht nur als theoretische Möglichkeit dargestellt hatte. Das heißt: Ihr Wählerpotential von damals war zusammengesetzt aus der Stammwählerschaft, die ich (in schöner Übereinstimmung mit Franz Josef Strauß) bei zweieinhalb bis drei Prozent ansetzen möchte, und dem, was man sozialliberale Rückversicherer nennen könnte. Diese Leute haben gesagt: Wir wählen F.D.P., wir sind für die Koalition, aber sind dagegen, daß die SPD zu stark wird. Ein deutlicher Teil der F.D.P.-Wähler von damals waren also sozialliberale Wähler. Die wird die F.D.P. wohl kaum wiederbekommen. Was sie über ihre Stammwählerschaft hinaus kriegen kann, ist Fleisch vom Fleisch der CDU. Die F.D.P. wird der CDU, nicht aber den Sozialdemokraten Wähler wegnehmen.

Weggedacht von den einzelnen Parteien, wie ist nach Schröders Einschätzung die Wählerschaft Niedersachsens politisch orientiert?

So was kann man nur auf der Basis von Wahlergebnissen, Umfragen und dem eigenen politischen Know-how schätzen. Ich meine, daß die beiden Blöcke potentiell etwa gleich stark sind.
Da gibt es einen vernachlässigbar kleinen Teil rechtsradikaler Wähler. Der ist zu einem guten Teil aufgesogen von der CDU. Das ist keine relevante Größenordnung mehr, und es ist gut, daß die bei der CDU eine Heimat gefunden haben, besser jedenfalls, als wenn sie in der politischen Landschaft rumflippern würden.
Dann gibt es die große Gruppe der konservativen Wähler, von den Sozialausschüssen bis hin zu den mehr unternehmerisch Orientierten.
Und schließlich den Bereich der F.D.P.-Wähler. Die sind

mittelständisch und antiklerikal. Solche Einstellungen haben in Niedersachsen eine ganz eigene politische Tradition. Das ist etwa die Hälfte der Wählerschaft in Niedersachsen.
Die andere Hälfte steht in der Mitte oder links von der Mitte, die überwältigende Mehrheit bei uns, eine solide Mehrheit bei den Grünen. Klar dürfte sein, daß bei unseren Anhängern und bei denen der CDU mehr Nichtwähler sein werden als bei den Grünen und bei der F.D.P. Gewinnen wird also am Schluß derjenige, dem es gelingt, sein Wählerreservoir voll zu mobilisieren.
Unter den politischen Einflüssen ist da die niedersächsische CDU einigermaßen gehandikapt, während unsere Chancen, die eigenen Leute an die Urnen zu bringen, gar nicht schlecht stehen.

Was wird mit den Grünen?

Wir haben eine Chance, die haben eine Chance, wie das so ist bei Kopf-an-Kopf-Rennen. Allerdings: Die Möglichkeiten der SPD werden dadurch verringert, daß wir es wohl doch alleine schaffen müßten. Es kristallisiert sich nämlich immer mehr heraus, daß die Grünen weder koalitionswillig noch koalitionsfähig sind.

Dabei hat sich Gerhard Schröder doch solche Mühe mit der Mehrheit links von der Mitte gegeben.
Noch Mitte 1985 schrieb er in einem Grundsatzartikel:
»Die Zusammenarbeit zwischen SPD und Grünen ist kein Selbstzweck, sondern Mittel zum Zweck. Der Sinn besteht darin, ein Reformbündnis aus Arbeitnehmerschaft und aufgeklärtem Bürgertum politisch handlungsfähig zu machen, das allein geeignet erscheint, die Probleme der letzten zwanzig Jahre des 20. Jahrhunderts zu lösen. Deshalb bin ich dafür, daß SPD und Grüne versuchen zusammenzuarbeiten. Zur Zeit sind diese beiden Parteien politischer Ausdruck der Arbeitnehmerschaft und jenes aufgeklärten Bürgertums.
Ob aus dem Willen zur Gemeinsamkeit Wirklichkeit werden kann, hängt von einer Reihe von Bedingungen ab. Die wichtigste ist, daß die beiden ungleichen Partner wissen, was sie unterscheidet, und die Unterschiede auch öffentlich darstel-

len. Nur so läßt sich ein rationaler Umgang miteinander erreichen, bei dem unterschiedliche Interessen nicht geleugnet werden, und der deshalb geeignet ist, die Abgründe von Mißtrauen, die zwischen beiden Parteien sind, zu überbrücken.
Nur wenn auch klar ist, wo die Unterschiede sind, können Gemeinsamkeiten festgestellt und politisch verfolgt werden. Und nur so kann auf beiden Seiten erkannt und akzeptiert werden, daß die prinzipielle Bereitschaft zur Zusammenarbeit die Konkurrenz um gesellschaftlichen Einfluß und um Wählerstimmen zwischen beiden Parteien nicht aufhebt; denn in einem Bündnis, das sich auf unterschiedliche Interessen gründet, geht es immer auch um die Verstärkung der jeweils eigenen Position und der dahinterstehenden Interessen.
Die Angst der Grünen vor der Integrationskraft der SPD ist verständlich. Diese Angst kann ihnen indessen niemand abnehmen. Eine SPD, die den Anspruch aufgäbe, jenen Teil der Gesellschaft, der Hoffnungen auf die Grünen setzt, zu integrieren, würde ihren Charakter als Volkspartei verlieren und den Willen aufgeben, das gesellschaftliche Bündnis zwischen Arbeitnehmerschaft und aufgeklärtem Bürgertum politisch allein zu organisieren. Die Folge wäre, daß der Anspruch der SPD, politische Mehrheiten zu führen, zugunsten einer Rolle als Juniorpartner der CDU/CSU aufgegeben werden müßte. Die Folge wäre weiter, daß diese Partei Gefahr liefe, die wichtigsten Teile der nachwachsenden Generation politisch zu verlieren. Daß eine solche Strategie von keinem SPD-Politiker verantwortet werden kann, müssen auch Grüne begreifen.
Zur Bekämpfung von Integrationsängsten ist das Reklamieren politischer Reservate nicht geeignet, wohl aber das Herausarbeiten von inhaltlichen Unterschieden. Ob das ausreicht, um Grüne auf Dauer überlebensfähig zu halten, ob also das politische Bündnis zwischen Arbeiterschaft und aufgeklärtem

Bürgertum dauerhaft durch eine oder durch zwei politische Parteien organisiert wird, diese Frage kann historisch offen bleiben. Zur Zeit sind es zwei Parteien, und um die Zusammenarbeit beider geht es.

Um Unterschiede und Gemeinsamkeiten festzustellen, macht es sicher Sinn, sich klarzumachen, warum es den jeweils anderen gibt. Das ist, bezogen auf die SPD, nicht schwer zu beantworten. Noch immer geht es ihr um Frieden, um Demokratie und die Lösung der alten sozialen Frage, die Aufhebung von Klassenunterschieden – nicht von Unterschieden schlechthin – in der Gesellschaft. Das Mittel dazu ist Reformpolitik in den staatlichen Institutionen, verbunden mit der Entfaltung von Reformbewußtsein in der Gesellschaft.

Diese historische Aufgabe der SPD, die ihre Identität begründet, steht nicht zur Disposition. Für niemanden und um keinen Preis. Aber warum gibt es die Grünen? Es gibt sie, weil unsere Gesellschaft sich entwickelt hat und in dieser Entwicklung liebgewonnene Übereinstimmungen zwischen den wichtigsten gesellschaftlichen Gruppen und deren politischen Machteliten zerbrochen sind. Die Geschichte der Bundesrepublik ist auch geprägt durch eine Reihe grundlegender Übereinstimmungen, die sich ungeachtet dessen, was die Parteien sonst trennte, entwickelt und gehalten hatten. Diese Übereinstimmungen bestehen so nicht mehr.

Bis weit in die 70er Jahre hinein gingen alle politischen Gruppierungen davon aus, daß wirtschaftliches Wachstum jedenfalls die Chancen zu humanem Fortschritt enthalte. Auch die Politik der Linken in der Bundesrepublik basierte auf dieser Grundannahme. ›Entwicklung der Produktivkräfte‹ wurde wirtschaftliches Wachstum auf der Linken etwas vornehmer genannt. Dieser Konsens ist zerbrochen, weil sich neue Erkenntnisse förmlich aufdrängen. Das wirtschaftliche Wachstum ist an objektive Grenzen gelangt – Grenzen, die sich aus der Rationalität der bestehenden Wirtschaftsordnung herleiten lassen, vor allen Dingen aber Grenzen, die sich aus der Notwendigkeit ergeben, die natürlichen Lebensgrundlagen zu erhalten. – Daß auch die SPD auf die Brüchigkeit des alten gesellschaftlichen Konsenses in dieser Beziehung zu spät reagiert hat, die Probleme zunächst geleugnet und dann unzureichende Lösungsvorschläge gemacht hat, ist eine der wesentlichen Ursachen für die Existenz der Grünen als Partei. Die Grünen versuchen, ein anderes Prinzip von Wirtschaften zu repräsentieren, eines, das sich jenseits kapitalistischer Wachstumspolitik ansiedeln will, das zwar keineswegs hinreichend entwickelt ist, gleichwohl aber von vielen Menschen als Chance für die Zukunft begriffen wird.

Spätestens seit der Rede Herbert Wehners zur Wiederbewaffnung bestand ein gesellschaftlicher Konsens aller relevanten politischen Gruppierungen über wichtige Eckpunkte staatlicher Sicherheitspolitik. Die Einbindung der Bundesrepublik in die Nato und die Strategie der Bündnisse, die sich aus dem Harmel-Bericht ergab, sind in der Phase der Durchsetzung der Entspannungspolitik zwar außerordentlich unterschiedlich interpretiert worden, die Frage nach dem Verbleib im Bündnis ist indessen ernsthaft nicht mehr thematisiert worden. Das gleiche gilt für die Bündnisstrategie der (atomaren) Abschreckung. Staatliche Politik, auf dieser Basis als Entspannungspolitik konzipiert und durchgesetzt, war im Bewußtsein der Gesamtgesellschaft Friedenspolitik. Keine relevante politische Gruppierung stellte dies in Frage.

Auch dieser Konsens besteht so nicht mehr. Die Strategie des Bündnisses, ja das Bündnis selbst, werden von durchaus relevanten politischen Gruppierungen in Frage gestellt. Die Grünen sind auch Ausdruck dieser Veränderung.

Übereinstimmung bestand in der Bundesrepublik auch darüber, die Präambel des Grundgesetzes als Auftrag zur staatli-

chen Wiedervereinigung zu begreifen. Über den Weg, nicht aber über das Ziel, wurde heftig gestritten. Auch das ist inzwischen anders geworden. Die Grünen fordern, die Präambel des Grundgesetzes zu streichen, und sie können sich dabei auf durchaus relevante gesellschaftliche Gruppierungen stützen. Von nicht zu berücksichtigenden Ausnahmen abgesehen, bestand Konsens auch über eine der wesentlichen Fragen staatlichen Zusammenlebens. Daß legal zustande gekommene Entscheidungen von überstimmten Minderheiten nur im Rahmen der Legalität bekämpft werden dürfen, dieser Grundsatz war Konsens. Die Beachtung dessen macht den Respekt vor dem staatlichen Gewaltmonopol aus. Es gibt Kräfte bei den Grünen, die es für möglich halten, unter Berufung auf von ihnen definierte Legitimitäten die Legalität für illegitim zu erklären und sie mit dieser Begründung zu durchbrechen beziehungsweise zu mißachten. Dieses Phänomen hat es als individuelles Handeln immer gegeben und wird es auch weiter geben, neu ist, daß es sich in politischen Erklärungen einer Partei findet. Auch hier ist ein wichtiger Konsens verlorengegangen.
Die Grünen, dies bleibt festzuhalten, sind das Resultat von Brüchen in der Gesellschaft, von Bewußtseinsveränderungen, die von allen Parteien weitgehend ignoriert und zuerst von Jugendlichen wahrgenommen wurden. Auch aus diesem Generationskonflikt resultiert ein Unterschied, der jenseits des rational Erfaßbaren die Kluft zwischen Grünen und SPD vergrößert. Weil die Grünen auch ein Ausdruck des jugendlichen Protestpotentials sind, repräsentieren sie auch eine andere politische Kultur, haben sie ein anderes Verhältnis zu den Formen gesellschaftlichen und staatlichen Zusammenlebens. Dies verstärkt die sachlichen Unterschiede, ja, macht sie bisweilen ungeachtet möglicher sachlicher Einigung unüberwindbar.
Auf dem Hintergrund der skizzierten Analyse sind die Chan-

cen und Risiken der Zusammenarbeit zu bestimmen. Ganz generell gilt: Wenn die SPD die Partei der reformbereiten Arbeitnehmerschaft ist und dazu sozial engagierte Zwischenschichten (Unternehmer, freie Berufe, Handwerker) organisiert, und wenn die Grünen als Partei eines besonders auf Veränderung drängenden Teils des Bürgertums begriffen werden müssen, dann muß es möglich sein, beide gesellschaftlichen Gruppierungen zu gemeinsamem Handeln zu bringen. Schon wenn man sich dies als Aufgabe vorstellt, wird klar, daß dieses gemeinsame Handeln angesichts der Differenziertheit des gesellschaftlichen Potentials, um das es geht, nur ein Handeln des Reformgradualismus sein kann.

Die Identität der SPD als Partei der industriellen Gesellschaft steht in keinem Bündnis zur Disposition. Am Beispiel der Kernenergie mag das konkretisiert werden. Die SPD hat beschlossen, diese Technologie für einen längeren Zeitraum als Übergangstechnologie zu nutzen. Ihrer hohen gesellschaftlichen Kosten wegen soll die Nutzung begrenzt sein. Die Frage des Zeitraums hängt davon ab, wie schnell gleiche Versorgungssicherheit durch alternative Technologien zu gesellschaftlich geringeren Kosten und ohne entsprechende Umweltrisiken verfügbar gemacht werden kann.

Um diese Position durchzusetzen, sagt die SPD ihr Nein zur Wiederaufarbeitung abgebrannter Kernbrennstoffe, weil damit eine Übergangstechnologie auf Dauer etabliert würde. Gleichzeitig stellt sich die SPD der Verantwortung, diese Übergangstechnologie sicher, und zwar im eigenen Land, zu entsorgen. Dies bedeutet ein prinzipielles Ja zur Zwischen- und zur Endlagerung, wobei die Techniken und die Standorte zu wählen sind, die von einer interessenunabhängigen Beratung als geeignetste festgestellt worden sind.

Konsequenz dieser reformgradualistischen Konzeption ist es, daß ein sofortiges Abschalten aller Kernkraftwerke, wie es die

Grünen fordern, mit der SPD nicht zu machen ist. Gleichwohl gibt es ein Feld von Gemeinsamkeiten. So könnten beispielsweise beide Parteien, wenn sie über Mehrheiten verfügen, durchsetzen, daß die Förderung der Erforschung alternativer Energien Priorität erhält. Beide Parteien können dafür eintreten, daß ein Konzept dezentraler Energieversorgung entwickelt und durchgesetzt wird. Auch wenn die Maximalforderung der Grünen zurückgewiesen werden muß, ergeben sich auf diesem Gebiet gemeinsame Handlungsmöglichkeiten, die beachtlich sind.

Zwischen Grünen und SPD besteht ferner Übereinstimmung darüber, daß die gültige Nato-Doktrin Risiken enthält, die abgebaut werden müssen. Das gilt insbesondere für das Konzept der atomaren Abschreckung. Übereinstimmung erscheint auch herstellbar in der Bewertung von Plänen, die dazu dienen sollen, konventionelle militärische Möglichkeiten zu entwickeln, die man früher allenfalls nuklear erreichen konnte (Rogers-Plan).

Dies heißt, daß durchaus die Chance besteht, eine gemeinsame alternative Sicherheitspolitik zu entwerfen. Natürlich läßt sich gemeinsam eine Politik entwickeln, die über den Verzicht auf den Ersteinsatz von Atomwaffen, über die Vereinbarung atomwaffenfreier Zonen zu einer Ächtung dieser Massenvernichtungsmittel insgesamt führt. Natürlich wissen Sozialdemokraten, daß die weitere Steigerung von Rüstungsausgaben Ressourcen bindet, die für andere soziale Aufgaben national und weltweit sehr viel sinnvoller eingesetzt werden können. Deshalb kämpft die SPD um eine Rückkehr zur Entspannungspolitik, mit der Frieden politisch gesichert werden soll, weil sie weiß, daß er nicht errüstet werden kann. Aber dies ist ein Kampf der Deutschen (und anderer Europäer) in den jeweiligen Blocksystemen. Neutralität, gedacht als isolierter Ausstieg der Bundesrepublik aus der Nato, ist daher

mit der SPD nicht zu machen (auch nicht auf dem Umweg über militärische Desintegration).
Die Ablehnung der Neutralität gründet sich nicht auf irrationale Ängste vor unseren osteuropäischen Nachbarn, sondern ist Ausdruck der Erkenntnis, daß es angesichts der Erfahrungen, die die Völker Europas mit einer deutschen Sonderrolle auf diesem Kontinent gemacht haben, weder im Osten noch im Westen Partner für eine solche Politik geben dürfte.
Die Streichung der Präambel des Grundgesetzes, die eine Politik der Wiedervereinigung gebietet, ist mit der SPD sicher nicht zu machen. Eine Politik aber, die sich nicht an juristischen Formeln orientiert, sondern von den gesetzten Fakten ausgeht, die läßt sich gemeinsam durchaus durchführen. Und Fakt ist, daß es zwei deutsche Staaten gibt und für einen überschaubaren Zeitraum auch geben wird. Dies heißt, daß es weder einen unnützen Streit über die Erfassungsstelle in Salzgitter noch einen solchen über die Elbgrenze geben muß. Das heißt auch, daß man selbstverständlich die Staatsbürgerschaft der DDR respektiert. Politik wäre deshalb, die DDR aufzufordern, einmal zu sagen, was sie sich unter diesem Begriff eigentlich vorstellt. Und man kann weiter davon ausgehen, daß eine Wiedervereinigung jedenfalls nicht als Aufgehen des einen Staates in dem anderen gedacht werden kann. Hier Formen sinnvoller staatlicher Kooperation innerhalb eines sich aufeinander zu entwickelnden Gesamteuropas zu denken und erste Schritte dazu zu tun, dies politisch durchzusetzen, das sollte genügend an gemeinsamen Handlungsfeldern eröffnen. Das stupide Beharren auf Formeln der Konservativen steht einem solchen Prozeß ebenso im Wege wie die Vorstellung, durch Streichung der Präambel habe man bereits Deutschlandpolitik gemacht.
Ein schwieriges Problem zwischen den beiden ungleichen Partnern ist das Problem der staatlichen Autorität. Für die

SPD steht das Gewaltmonopol des Staates nicht zur Disposition. Wer legal zustande gekommene Regeln verletzt, trägt das Risiko, bestraft zu werden, auch wenn er sich auf achtbare Motive berufen kann.
Dieses Risiko kann im Rahmen des Rechtsstaates gemildert und, wo angemessen, etwa durch Verzicht des Staates auf die Durchsetzung seines Strafanspruches, auch ausgeschlossen werden. Das Prinzip indessen ist nicht aufgebbar: Jenseits dessen gibt es dann durchaus gemeinsame Handlungsmöglichkeiten. Wer die Autorität eines demokratischen Staates nicht nur behaupten, sondern im Bewußtsein kritischer Bürger verankern will, muß wissen, daß Autorität leer wird, wo man sie überzieht. Der Staat, der als einziger legitim Gewalt ausübt, muß das zurückhaltend tun. Er darf Konflikte nicht eskalieren, es muß sie deeskalieren. Und er muß sich eine gnadenlose öffentliche Kontrolle seines Handelns gefallen lassen. Es geht weiter um die Herstellung einer politischen Kultur, für die Freiheit sich eben nicht in der Gewerbefreiheit erschöpft, sondern auch Freiheit von staatlicher Kontrolle, von Eingriffen in die private Sphäre der Bürger bedeutet. Hier rechtliche Regelungen zu schaffen, die technischen Möglichkeiten staatlicher Bevormundung Fesseln anlegen, ist sicher den Schweiß einer solchen Zusammenarbeit wert. Und schließlich: Nur diese Partner sind aktuell in der Lage, der Ächtung von Minderheiten in der Gesellschaft wirksam entgegenzutreten. Die hessische Ausländerpolitik ist ein bemerkenswertes Beispiel dafür.
Die Skizze von Unterschieden und zugleich möglichen Gemeinsamkeiten zeigt, daß es wichtige Reformfelder gibt, die gemeinsam zu beackern wären. Das Beispiel Hessen beweist im Guten wie im Schlechten, wo die Grenzen liegen.
Sicher, diese Grenzen liegen im Grundsätzlichen. Da trennt beide Parteien sehr viel, jedenfalls dann, wenn man Grundsätze abstrakt definiert und mißachtet, daß grundsätzliche

politische Positionen in einem (veränderbaren) Umfeld wirksam werden. Die Veränderung des Umfeldes wirkt dann auf die Position selbst ein. Das wird von grünen Maximalisten häufig ebenso verkannt wie von ihren Gegnern in der SPD. Und es gibt das Mißtrauen, das häufig abgrundtief ist. Dieses Mißtrauen läßt sich nur durch Praxis überwinden, durch gemeinsame Arbeit.
Es gibt eine Reihe von Widerständen gegen solche Gemeinsamkeiten, die jenseits von Sachfragen angesiedelt sind. Bei den Grünen besteht die Neigung, bestimmte Fragen in der Politik zu letzten Fragen, zu Menschheitsfragen, zu erklären. Es soll nicht geleugnet werden, daß es solche Dimensionen gibt. Nur, man muß wissen, daß die Erklärung einer Frage zur Gattungsfrage sie dem politischen Prozeß entzieht. Es gibt dann nur ein Entweder-Oder. Kompromisse sind dann nicht mehr möglich. Letztlich wird die Lösung der Frage so einer rationalen Politik entzogen.«

Das habe ich damals gesagt. Heute sage ich den Wählern: Sorgt für ein Zwei-Parteien-Parlament, dann habt ihr klare Verhältnisse. Ob ich das durchsetzen kann, weiß ich natürlich heute nicht. Aber die Strategie ist richtig. Eine Organisation wie die SPD mobilisiert man nämlich nicht dadurch, daß man bereits im Vorfeld einer Wahl die Koalitionsfrage stellt, also zugibt, daß man an den Erfolg selbst so richtig nicht glaubt. Man muß nicht auf unsichere Bündnispartner setzen, man muß eigene Stärke entwickeln. Darin liegt ein Risiko, aber angesichts der Unzuverlässigkeit dieses möglichen Partners sehe ich keine Alternative.

Haben Sie letzthin mit Lafontaine gesprochen?

Natürlich. Der hat ja genau das gemacht, wenn auch aus einer sehr viel komfortableren Ausgangssituation als ich. Das saarländische Modell kann man nicht kopieren, aber in den strategischen Vorstellungen gibt es große Ähnlichkeiten.

Sie denken also über eine Zusammenarbeit mit den Grünen gegenwärtig überhaupt nicht mehr nach?

Nein, das hat keinen Sinn. Ich habe das ein Jahr lang gemacht. Auf meine soliden Angebote haben die Grünen dümmlich reagiert. Jetzt ist das Maß rational und emotional voll.

Sehen Sie generell einen Niedergang der grünen Bewegung?

Ja, auch wenn sich die Umfragewerte wieder stabilisieren sollten. Die Grünen haben es mit zwei Faktoren zu tun: Mit dem zugespitzten Wahlkampf, den es in Niedersachsen geben wird, und mit sozialdemokratischen Kandidaten, die auch für grüne Wähler, für Grenzwähler zwischen SPD und Grünen, akzeptabel und attraktiv sind.

Gesetzt den Fall, Sie erreichen Ihr Ziel, könnten Sie sich vorstellen, daß Sie auch grüne Politiker in Ihre Regierung mit hineinnehmen, selbst wenn Sie mit den Grünen nicht koalieren?

Prinzipiell wäre eine Bereitschaft bei mir durchaus vorhanden. Bedingung wäre allerdings eine klare Trennung von der grünen Partei, und zwar vor der Wahl.

Otto Schily müßte also vor der Wahl in die SPD eintreten, wenn er etwa in Niedersachsen Minister werden wollte?

Nun nennen Sie mal keine Namen. Ich habe ja noch mit niemandem gesprochen.

Wenige Tage nach diesem Interview erklärte Schröder, er könnte sich einen Minister Schily in einer sozialdemokratischen Landesregierung durchaus vorstellen. Der Angesprochene zeigte dem SPD-Herausforderer allerdings die kalte Schulter.
Schröder aber gibt die Hoffnung auf Mission bei den grünen Politikern nicht auf.

Es ist doch überhaupt keine Frage, daß es in der grünen Partei intelligente und glaubwürdige Politikerinnen und Politiker gibt. Und es ist auch keine Frage, daß solche Leute, im Falle einer Trennung von ihrer Partei, bei der SPD eine politische Heimat finden könnten.

Mit anderen Worten, Kampf bis aufs Messer bei gleichzeitiger Umarmung?

Kein Kampf bis aufs Messer, aber Konkurrenz, harte Konkurrenz. Und zugleich Integration, bei der mich aber die Funktionäre weniger interessieren als die Wähler und die Sympathisanten der Grünen. Sie können keinem Parteipolitiker verdenken, daß er versucht, möglichst viele intelligente und innovative Leute dazu zu bringen, sich für den eigenen Laden zu engagieren. Daß es solche Leute beim grünen Wählerpotential gibt, und zwar prozentual mehr als bei den Wählern anderer Parteien, das ist kein Geheimnis.

Aber bedeutet eine solche Strategie nicht zugleich, Elemente des Programms der Grünen übernehmen zu müssen. Kann man das dem konservativen Flügel der niedersächsischen Sozialdemokraten zumuten?

Ich mache das einfach. Daß ich es konnte, werde ich merken, wenn ich gewonnen haben werde.

Sollte ich wider Erwarten verlieren, werde ich merken, daß ich es nicht gekonnt habe, oder, besser gesagt, nicht gekonnt haben sollte.

Was die Grünen angeht, steckt der Herausforderer in einem Dilemma. Einerseits kann er seinen Wählern nicht glaubhaft versichern, er wolle eigentlich gar keine absolute Mehrheit gewinnen. Andererseits weiß er natürlich auch, daß 14 Prozent sehr viel Holz sind, wenn man sie erst hereinholen soll. Was also anstellen mit der Möglichkeit, daß eine Mehrheit für Schröder vielleicht nur mit Hilfe der Grünen zustande kommen könnte, während Kanzlerkandidat Rau landauf landab versichert, für ihn komme eine Zusammenarbeit mit den Grünen unter keinen Umständen in Frage?
Schröder löst das Problem auf Schrödersche Weise: Er zerlegt es in seine Einzelteile. Grüne Politikerinnen und Politiker sind im persönlichen Gespräch intelligent, liebenswürdig und realistisch genug einzusehen, daß auf grünen Parteiveranstaltungen oftmals die Irrationalität regiert. Außerdem – auch das bezeichnend für den SPD-Spitzenkandidaten:

Das sind schließlich die Kinder unserer Leute, auch die Kinder der Bürgerlichen natürlich. Und schließlich geht es nicht an, Abgeordnete, die die Wähler ins Parlament schicken, als Parias zu behandeln.
Trotzdem habe ich leider erfahren müssen, daß diese intelligenten und liebenswürdigen Politikerinnen und Politiker an manchen radikalen Basisunsinn gebunden sind, der auf ihren Kongressen beschlossen wird.
Aber die niedersächsische Verfassung erlaubt mir glücklicherweise, mich in meinem Sessel zurückzulehnen und abzuwarten.
Es gibt ja nur drei Möglichkeiten. Entweder wir kriegen die

absolute Mehrheit. Dann ist sowieso alles klar. Oder wir gehen in die Opposition. Auch dann ist alles klar. Oder, drittens, wir werden stärkste Partei, können aber nicht allein regieren. Dann machen wir ein Gesprächsangebot an alle und warten 21 Tage ab. Denn nach 21 Tagen muß das Parlament sich entweder auflösen oder einen Ministerpräsidenten wählen, und wie der bei dieser dritten Konstellation heißen würde, daran gibt es ja wohl kaum einen Zweifel.

Die SPD hat auf wichtige Fragen der Gesellschaft, zum Beispiel im Umweltschutz, keine eigenen Antworten vorgelegt, sie hat reagiert auf das Entstehen der Grünen und auf deren Wahlerfolge.

Was soll daran schlecht sein? Eine Volkspartei nimmt neue Fragen erst nach einiger Zeit der politischen Diskussion entgegen, macht sie zu ihren eigenen und findet ihre eigenen politischen Antworten. Diese Volksparteien, das sind ja auch Filter gegen allzu schnelles Umschlagen politischer Vorstellungen von der einen Position auf das modische Gegenteil. Daß die Ökologiebewegung für uns Sozialdemokraten Impulse gesetzt hat, die wir dann aufnahmen, das spricht doch eher für unsere Flexibilität statt dagegen. Das aber ändert nichts daran, daß ein sozialdemokratischer Politiker die Macht ohne, notfalls auch gegen, die Grünen erkämpfen muß.

Versuchen Sie doch mal, Ihre Rolle als Politiker zu verlassen. Als Bürger dieser Republik müßten Sie doch eigentlich sehr dankbar sein für die Anstöße, die die Grünen gegeben haben.

Ich kann nicht aus meiner Rolle heraus, und ich kann mich nicht neben mich selbst stellen. Vielleicht wäre es hilfreich,

so etwas zu können, aber ich kann es nicht. Vielleicht konnte die SPD neue, veränderte Politikformen bei sich erst wirksam werden lassen, nachdem sie woanders ausprobiert worden waren. Aber verlangen Sie nicht von mir, so was auch noch richtig zu finden.
Es gibt aber etwas, worauf ich stolz bin als Sozialdemokrat und wo uns keine andere Partei den Lehrer abgeben kann.
Ich meine die Bereitschaft, Leuten mit anderer Meinung, die man überzeugen will, den Respekt nicht zu versagen. Es ist leicht, sich gegen eine Welt von Feinden zusammenzuschließen. Es ist ungleich schwerer zu begreifen, daß auch die anderen recht haben können, daß man selber sich irren kann. Aber wenn ich das Recht auf menschliche Fehlbarkeit reklamiere, dann muß ich auch die Möglichkeit des eigenen Irrtums einkalkulieren.
Dies zu wissen und in praktische Toleranz umzusetzen, ist eine Aufgabe. Sich durch die Gefahr der eigenen Fehlbarkeit in seinen politischen Überzeugungen nicht irre machen zu lassen, ist die andere.